제월당 통광 대선사의 행장과 법어

霽月語錄

禹濟宣 編著

여래

霽月語錄

제월당 통광 스님은 선교(禪敎) 양쪽 모두를 달통하신 우리 시대의 걸출한 선승이자 학승입니다. 그분의 학식은 그 범위와 깊이를 가늠하기 어려울 정도이며, 선지는 매우 예리해서 삼라만상의 본질을 꿰뚫어 보여줍니다. 이런 어른이 우리 곁에 여전히 머물러 계셨더라면 여러 가지로 어려운 상황에 직면해 있는 요즘의 대중에게 큰 가르침을 주셨을 텐데, 너무 일찍 원적에 드신 것이 아쉽기만 합니다.

통광 스님은 지리산 칠불사를 불사하시던 바쁜 일정 속에서도 강의와 법문을 통해 중생을 교화하는 노력을 멈추지 않으셨습니다. 생전에 이미 『고봉화상 선요어록』(1993), 『초의 다선집』(1996), 『진감선사 대공탑비문』(2005), 『증도가 언기주』(2008) 네 권의 책을 출판하였습니다. 입적하신 후에는 스님이 남기신 흔적을 찾아 강의 녹취를 풀고, 한문 원전을 찾아 넣어 『장자 감산주』(2015), 『선가귀감』(2017), 『돈오입도요문론』(2021)을 출판하였습니다. 스님의 강의는 선과 교를 막론하고 그 내용이 깊고도 명쾌하여 후학들에게 좋은 길라잡이가 되고 있습니다.

통광 스님의 가르침이 사라지지 않고 계속 이어지기를 바라는 마음으로 그동안 스님께서 하신 경론과 선어록에 대한 강의를 책으로 출간해 왔지만, 그래도 여전히 아쉬운 점은 아직 그분의 법어를 모아 내지 못한 것이었습니다. 이에 스님께서 쌍계사, 봉은사 등에서 하신 법문을 모으고, 김청광 거사가 스님의 법문을 정리한 것 가운데 덧칠한 내용을 바로잡아, 스님의 법어집을 이번에 출판하게 되었습니다. 이 법어집의 책명은 스님께서 탄허 스님께 받은 법호 '제월(霽月)'을 따라 『제월어록(霽月語錄)』으로 정했습니다.

『제월어록』에 담긴 내용은 통광 스님께서 걸어오신 길을 저술한 행장과 스님께서 가르침을 펴신 법문을 모은 법어로 구성되어 있습니다. 스님의 법문은 그 내용이 '어떻게 수행하여 깨달음을 구할 것인가'와 '부처님의 가르침을 어떻게 사바세계에서 구현할 것인가'에 관한 것입니다. 이 책에서는 전자에 대한 법문들을 '피안에 이르는 길', 후자에 대한 법문들을 '다시, 차안으로'란 소제목으로 나누어 편찬했습니다. 두 가지 모두 진리를 꿰뚫어 보시고 중생교화에 애쓰신 스님의 불교사상을 잘 보여줍니다.

이 책이 출간되기까지는 여러 분의 발원과 노고가 있었습니다.

먼저, 스님 법문의 녹취를 풀어 한 자 한 자 글로 옮겨주신 청정행 보살님께 감사드립니다. 문장 다듬기와 한문 감수에는 승행 스님이 많은 시간과 공력을 들였습니다. 선응 스님은 어른 스님의 행장 관련 자료 및 전법제자들의 전강게송을 수집하는 일에 수고를 마다하지 않았습니다. 또한 이숙희 보살님과 승범 스님이 수록된 사진을 모아 주셨습니다.

무엇보다도 통광 스님의 법어집이 세상에 나올 수 있었던 것은 스님의 가르침이 잊히는 것을 안타깝게 여기고 물심양면으로 도움을 주신, 스님 생전 가까이 지내시던 보살님들 덕분입니다. 그 가운데에서도 특히 대지심 보살님과 법해심 보살님 두 분께 깊은 감사를 드립니다. 마지막으로 한국 근현대 고승들의 법어를 모아 편찬하는 것을 기획하고 추진한 여래사 정창진 사장님과 편집과 교정 과정에서 정성을 다해주신 편집부에도 그 노고에 감사를 드립니다.

이번에 출간되는 책을 통해 고통과 혼란 속에 살아가는 이 시대의 사람들이 스님의 가르침을 만나 번뇌의 불꽃을 끄고, 지혜의 빛을 얻기를, 부처님 전에 두 손 모아 기원합니다.

| 덧붙이는 글 |

2023년 불광출판사는 통광 스님의 유고집이라며 『마음아, 어디 있느냐』라는 에세이를 출간하였습니다. 그러나 이 책에는 유고집에 통상 포함되는 펴낸이의 서문이나 발문이 전혀 실려 있지 않을 뿐만 아니라, 표지와 스님의 행장 어디에서도 누가 이 책을 펴냈는지 밝히지 않고 있습니다. 그 결과, 누가 어떤 의도로 이 에세이를 세상에 내고자 했는지가 분명하지 않습니다. 다만 한 가지 확실한 사실은, 이 책에 적지 않은 문제점이 있다는 것입니다.

먼저, 통광 스님은 생전에 유고집을 집필하신 바가 없습니다. 그럼에도 불구하고 『마음아, 어디 있느냐』를 스님의 유고집이라고 출간한 것은 마치 스님께서 이 책을 직접 쓰신 것처럼 사실을 왜곡한 것입니다. 따라서 이런 사정을 알지 못하는 일반 대중이 해당 책을 스님의 유고집으로 잘못 인식할 우려가 제기됩니다.

지금은 고인이 되셨지만, 통광 스님께는 김성수라는 지인이 있었습니다. 스님 말년에 그 분이 김청광이라는 거사를 스님께 소개하며 자서전을 한번 집필해 보도록 권유한 바 있었습니다. 이에 스님께서는 평소 써 두신 한시와 인적 자료를 건네시고, 봉은사 등에서 하신 법문의 녹음를 풀어 글로 정리해 보도록 하신 적이 있습니다.

김청광 거사가 '회주 스님 자서전'이라는 제목으로 통광 스님께 넘긴 글이 바로 2023년에 출간된 그 책입니다. 그런데 이 글에서 김청광 거사는 작가로서 극적인 효과를 의도한 탓인지, 스님의 행장 대부분을 암 투병 과정에 집중해 서술하였습니다. 그로 인해 독자들이 스님을 병고에 연연하셨던 분으로 오인할 여지를 남겼습니다.

또한 김청광 거사가 법문 녹음을 풀어 글로 만들 때 스님의 하동 사투리를 표준어로 바꾼 점은 이해할 수 있으나, 원문에 과도한 윤색을 한 부분이 적지 않습니다. 그 결과, 스님께서 실제로 말씀하시지 않은 이야기까지 더해져 평소 스님의 담백하고 명료한 표현이 흐려졌을 뿐만 아니라 불교교리에 맞지 않는 부정확한 내용이 포함되고 말았습니다.

입적하시기 몇 달 전, 스님을 뵈었을 때, 스님께서 필자에게 김청광 거사의 글을 넘기시면서 이렇게 말씀하셨습니다.

"우 교수, 자네 보기에도 내가 더 살겠다고 병에 집착하는 사람으로 보이나? 김 사장이 소개한 거사가 자서전이라고 만들어 왔는데, 행장이 온통 암 투병 이야기야. 법문을 정리해 온 것도 보면 내가 하지도 않은 말이 여기저기 더해져 있고. 이 글은 책으로 낼 만한 것이 못되니, 혹여 나중에 내 법문을 가지고 책을 낼 생각이 있거든 김청광 거사의 글은 참고하되, 거기에 내 이야기 아닌 것이 많이 들어가 있다는 점을 명심하게."

불광출판사에서 낸 에세이 『마음아, 어디 있느냐』에는 내용 면에서도 여러 문제가 드러납니다. 통광 스님께서 번역하신 것으로 제시된 구절들 가운데에는 오역이 적지 않을 뿐만 아니라, 인용된 원전의 일부 구절이 아예 번역되지 않은 경우도 있습니다. 예를 들어, 이 책 270쪽에는 『선가귀감』의 원문 "故所寶者惟貝葉靈文而已"가 실려 있으나, 정작 이에 대한 번역은 없습니다. 또한 같은 쪽의 다른 인용문에서는 원전의 '名曰禪家龜鑑'이라는 구절이 통째로 빠져 있습니다. 이러한 문제들은 한문 초보자들도 범하지 않는 실수로, 한암 – 탄허 강맥을 잇는 대강백으로 알려진 통광 스님의 명성에 부정적 영향을 미칠 수 있습니다.

『마음아, 어디 있느냐』라는 에세이에서 가장 심각한 문제는 김청광 거사가 임의로 덧붙인 내용 중 불교교리에 부합하지 않은 부분이 마치 통광 스님께서 직접 하신 말씀인 것처럼 서술되어 있는 점입니다. 예를 들어, 그 책 78쪽에 "삼라만상, 우주만유 어느 것

하나 진리 아닌 것이 없을진대……”라는 문장이 있습니다. 그러나 삼라만상, 우주만유는 존재이지 진리가 아니므로 이를 두고 진리라고 단정하는 표현은 불교교리와 어긋납니다. 이와 같이 사용된 표현은 마치 스님께서 현상과 진리조차 구분하지 못하시는 분처럼 오해를 불러일으킬 수 있습니다.

또한 139쪽에는 “…… 제7식과 제8식은 무의식에 해당한다고 하겠다.”라는 구절이 나오는데, 통광 스님께서는 평소 본인이 공부하신 적이 없는 서양 심리학의 개념을 끌어다 법문을 하신 적이 없습니다. 더욱이 유식학에서 제7식은 자아의식이지 무의식이 아닙니다. 이러한 서술은 결과적으로 스님께서 서양 심리학을 차용하여 유식학을 오도한 것처럼 만드는 부정적 효과를 낳았습니다. 이처럼 김청광 거사가 덧붙인 글 가운데 교학적으로 문제가 될 만한 부분은 한두 개에 그치지 않습니다.

알아본 바에 따르면, 불교학으로 박사 학위를 지닌 선응 스님이나 승행 스님 등 통광 스님의 법제자들은 해당 에세이의 출간 사실조차 사전에 알지 못했습니다. 더구나 이 에세이는 통광 스님께서 직접 집필하신 글이 아니며, 생선에 “출판하지 말라.”고 특별히 당부까지 하신 김청광 거사의 글입니다. 이러한 글을 스님의 유고집인 것처럼 세상에 내어, 스님을 마치 한문도 제대로 새기지 못하고 불교교리에도 밝지 않은 분처럼 보이게 함으로써 명예를 훼손하는 것은 참으로 안타까운 일입니다.

따라서 생전에 어른 스님께서 직접 일러주신 말씀에 따라 김청광 거사가 쓴 행장에서 잘못 서술된 부분을 바로잡고, 스님의 법문에 김 거사가 덧붙인 내용을 최대한 걷어내어, 스님의 담백하면서도 명쾌한 본래 가르침으로 되돌리고자 이번에 새롭게 책을 펴내게 되었습니다. 이 글을 읽는 독자 제현께서는 기존에 출간된 『마음아, 어디 있느냐』를 통광 스님의 유고집으로 오인하는 일이 없기를 바랍니다.

행장(行狀)

걸어오신 길

태허는 형상 없는 밖에 절로 설하고,
만상은 불이법문을 크게 열었어라.
청산과 유수는 애오라지 하나의 소식인데,
제월의 풍광에게 다시 별도로 전하노라.

통광 선사는 평소, "불교는 무심(無心)의 경지가 아니라 범부의 업력을 불보살의
원력으로 바꾸는 것을 추구한다."는 점을 주창했습니다. 이는 수행이 단순히
마음을 비워 번뇌를 없애는 것에 그치지 않고, 중생교화에 있음을 잘 보여주고
있습니다.

통광 스님, 대장경 앞에서 앉아 계시는 사진

행장

　제월당 통광 선사의 성은 우(禹) 씨이며 속명은 춘성(春成)입니다. 1940년에 지리산 반야봉 아래 의신골에서 아버지 우양명(禹亮命)과 어머니 박부금(朴富今)의 3남 1녀 중 막내로 태어났습니다. 스님이 어렸을 때 여순사건이 일어나 지리산에 빨치산이 잠입하여 활동하는 바람에 의신골에 사는 사람들은 쌍계사 근처의 석문이라는 마을로 소개(疏開)되었습니다. 스님의 부친은 그곳에서 한의사를 하면서 서당을 열어 어린이와 청년들에게 한문을 가르쳤습니다. 선사도 다른 학동들과 함께 훈장인 부친에게서 『동몽선습(童蒙先習)』, 『명심보감(明心寶鑑)』, 『소학(小學)』, 사서(四書), 그리고 『통감(通鑑)』과 『고문진보(古文眞寶)』 등을 배웠습니다. 더불어 한의학에 입문하여 『장부총론(臟腑總論)』 등과 함께 한약재의 이름과 효능 등을 배우고 익혔습니다.

선사의 나이 18세에 피아골에 있는 누님 집을 방문했다가 인근에 있는 서굴암(西窟庵)에 잠시 머물게 되었습니다. 서굴암은 후에 스님의 은사가 되신 여환 스님의 수행처로 지리산에서 수행하고자 하는 스님들이 간혹 방문했는데, 그 가운데 한 분이 해인사에서 온 동화 스님이었습니다. 동화 스님은 시를 쓰기 위해 해인사에 머물다가 출가한 분이었습니다. 그 스님은 『석문의궤(釋門儀範)』에 있는 무상시(無常詩)와 부설 거사의 사부시(四浮詩)를 읊는 것을 좋아했습니다. 이를 들은 청년 우춘성은 삶의 무상함을 느끼고 무상한 가운데서도 무상하지 않은 것은 무엇인가 하는 의문을 품게 되었습니다. 어렸을 때 빨치산 진압 과정에서 많은 사람들이 죽는 것을 목도한 우춘성은 특히 『초발심자경문』의 다음 구절에서 감명을 받았습니다.

萬般將不去(만반장불거)

唯有業隨身(유유업수신)

三日修心千載寶(삼일수심천재보)

百年貪物一朝塵(백년탐물일조진)

만 가지가 있어도 가져가지 못하고,

오직 제가 지은 업만 따라다닐 뿐이다.

사흘 닦은 마음은 천년의 보배요,

백 년 동안 탐하여 모은 재물은 하루아침의 티끌이다.

서굴암에 머물던 청년 우춘성은 이종익 선생이 지은 『사명대사』
를 즐겨 읽었습니다. 특히 사명 대사가 승과시험을 볼 때 허응 보
우 대사가 던진 "청정하여 본래 그러한데 어찌 산하대지가 홀연히
나왔는가?"라는 질문을 마치 자신이 받은 것처럼 탐구했습니다.
의문은 깊어졌으나 그 답을 찾지 못하자 더 궁구하고자 출가를 결
심하였습니다.

여환 스님은 원래 범어사 스님이었습니다. 스님은 자신의 제자
가 되고자 하는 선사에게 "이곳 서굴암은 작은 토굴이다. 큰 절에
가서 큰 법을 배워야 한다."라고 이르며, 선사를 데리고 범어사로
갔습니다. 선사는 1959년 범어사에서 명허 스님을 계사로 사미계
를 수지하고, 이후 1963년 동산 스님을 계사로 구족계를 수지했습
니다. 그때 받은 법명이 통광(通光)입니다.

사미계를 받은 후 선사는 범어사의 강원에서 불교를 공부하기
시작했습니다. 당시 강주인 성호 스님은 신·구학문을 두루 통달한
후, 출가하여 금강산에서 30여 년 동안 선 수행을 했던 분으로 불
교뿐만 아니라 동서양 철학에 막힘이 없었습니다. 그분은 선사가
불법(佛法)의 대의를 찾아가는 데 등대와 같은 역할을 했습니다.
선사는 범어사 강원을 마친 후에도 여러 강백 스님들로부터 경론
을 배웠습니다. 불국사 말사인 기림사에서 용봉 스님에게 『능엄
경』을 비롯한 여러 경전을 배웠고, 동국역경원에서 대장경 국역을
주도했던 운허 스님과 월운 스님으로부터 선어록을 두루 배웠습
니다.

특히 통광 선사는 한국불교의 큰 흐름인 오대산 월정사의 강맥을 이어받았습니다. 탄허 스님 문하에서 『화엄경』을 비롯한 경론을 수학하고, 그 분으로 부터 제월(霽月)이라는 법호를 받았습니다. 그때 받은 전강게는 다음과 같습니다.

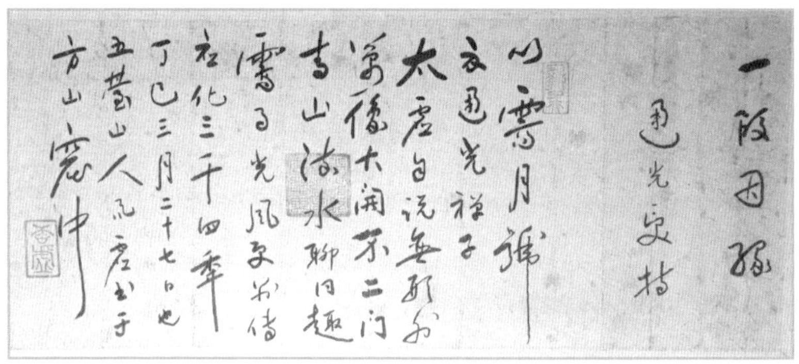

탄허스님 전강게 사진

太虛自說無形外(태허자설무형외)

萬象大開不二門(만상대개불이문)

靑山流水聊同趣(청산류수료동취)

霽月光風更別傳(제월광풍갱별전)

태허는 형상 없는 밖에 절로 설하고,

만상은 불이법문을 크게 열었어라.

청산과 유수는 애오라지 하나의 소식인데,

제월의 풍광에게 다시 별도로 전하노라.

월정사에서 수년간 공부한 후, 통광 선사는 동국대역경원을 비롯한 여러 곳에서 불전의 국역에 참여하였습니다. 이때 민족문화추진위원회 소속으로 유가 고전문헌의 연구로 이름 높았던 이진영 선생과도 활발한 교류를 하였습니다. 불가는 물론이거니와 유가와 도가에 대한 기초 훈련은 선사가 나중에 백양사와 쌍계사에서 학인들에게 경전과 논서를 가르치게 된 중요한 밑거름이 되었습니다.

칠불사는 통광 선사에게 생소한 절이 아니었습니다. 선사의 고향에서 그다지 멀지 않았던 이 절은 안타깝게도 빨치산 토벌작전 중 소실되었지만, 그 지역 주민들에게는 잘 알려진 장소였습니다. 출가 후 선사께서 칠불사를 찾아가 보니 유서 깊었던 이 절은 빈터에 잡초만 무성한 상태였습니다. 과거에 칠불사는 서산, 부휴, 초의, 용성, 금오, 서암 등 한국불교사에 큰 족적을 남긴 스님들이 수행한 도량이었지만, 지금은 건물과 사람이 사라지고 빈터만 남아 세월의 무상함을 보여주고 있을 뿐이었습니다.

당분간 절 빈터에 머물며 수행하기로 결심한 선사는 범어사 선방에서 함께 안거했던 혜광 스님과 함께 움막을 짓고 수행하기 시작했습니다. 혜광 스님은 선사보다 나이가 열 살이나 많았지만, 선방에서 한철을 함께 했던 도반인지라 서로 의기가 잘 통했습니다. 그리고 두 분은 칠불사가 폐허로 방치되는 것이 너무 안타까워 복원불사를 하자는 발원을 했습니다. 하지만 도중에 혜광 스님이 병이 들고 더 이상 불사에 참여할 수 없게 되자, 그 일은 고스란히 선사의 몫이 되었습니다.

칠불사 복원불사를 혼자의 힘으로는 감당할 수 없다고 생각한 통광 선사는 불보살의 가피에 의존하고자 먼저 천일기도를 시작했습니다. 가나, 오나, 앉으나, 누우나 심지어 꿈속에서도 오직 불사의 원만성취만을 발원했습니다. 그러던 어느 날, 비몽사몽간에 관세음보살님이 나타나 아무 말 없이 열쇠 꾸러미를 건네주셨다고 합니다. 이 일로 선사는 불보살께서 복원불사를 도와주실 것이라고 확신하게 되었습니다.

선사의 나이 39세 되던 해, 본격적으로 칠불사의 복원불사를 시작했습니다. 먼저 문수전(文殊殿)을 복원하고, 다음으로 대웅전(大雄殿), 선열당(禪悅堂), 아자방(亞字房), 보설루(普說樓), 종루(鐘樓), 대향적당(大香積堂)을 차례로 건립했습니다. 더불어 경내 곳곳에 축대를 쌓고 석물을 배치했을 뿐만 아니라, 단청을 장엄하였습니다. 대웅전에는 삼존불상을 모시고 후불탱도 조성했습니다. 삼존불과 후불탱을 조성한 청원 스님은 속명이 이희옥으로 칠불사의 불상 조성 중 선사의 가르침에 감화되어 선사의 상좌가 되었습니다. 또한 선사는 운상원(雲上院)을 복원하여 동국제일선원이 위상을 확립했습니다.

칠불사 전경

①	②	① 일주문	② 동국제일선원 보설루
③	④	③ 대웅전	④ 문수전
⑤	⑥	⑤ 원음각	⑥ 운상선원

칠불사의 여러 건물을 중창한 후, 통광 선사는 가람 전체를 불자들이 수행하고 기도하기 좋은 장소로 만들고자 했습니다. 먼저, 사찰림 50만 평을 동국대학교로부터 매입하였고, 토끼봉 8부 능선에 취수장을 만들어 위수관로를 매설하였습니다. 또한 지리산 고지대에 위치한 칠불사의 특성상 신도들이 쉽게 접근할 수 없다는 점을 고려하여 도로를 신설하고 주차장을 마련했습니다. 이러한 선사의 노고에 대해 해인사의 일타 스님은 사적비문에서 "통광 스님이 여기에 이르러 강개하여 지팡이를 돌릴 수 없었다. …… 삼년 천일 동안 문수보살의 위신력으로 예전보다 더 나은 모습으로 지었으니 무량공덕이로다."라고 찬탄했습니다. 1978년부터 시작된 칠불사의 복원불사는 16년이라는 긴 세월이 흐른 후에야 마무리되었습니다.

통광 선사는 단지 칠불사 중창불사만을 하신 분이 아닙니다. 사미 시절 성호 스님에게서 가르침을 받으며 선(禪)의 깊은 맛을 경험한 후, 범어사, 해인사, 상원사 등 여러 선방에서 여러 안거 동안 정진하였습니다. 칠불사 중창불사로 분주한 와중에도, 선사를 특히 아끼셨던 동산 스님에게서 받은 "이 뭣고?" 화두를 일심으로 참구하였습니다. 그러던 중 어느 늦가을, 햇빛이 아자방 앞 호두나무를 비추는 것을 보고 깨달음을 얻으시니, 오도송은 다음과 같습니다.

① 아자방(위) ② 아자방 앞 통광 스님(아래)

圓通法界性(원통법계성)

智光照大天(지광조대천)

眼聞耳見兮(안문이견혜)

六根常自在(육근상자재)

법계에 두루한 성품이여,

지혜의 광명이 대천세계를 비춤이라,

눈으로 듣고 귀로 봄이여,

육근이 항상 자재하다.

통광 선사는 평소, "불교는 무심(無心)의 경지가 아니라 범부의 업력을 불보살의 원력으로 바꾸는 것을 추구한다."는 점을 주창했습니다. 이는 수행이 단순히 마음을 비워 번뇌를 없애는 것에 그치지 않고, 중생교화에 있음을 잘 보여주고 있습니다.

山窮水盡疑無路(산궁수진의무로)

柳綠花紅又一村(유록화홍우일촌)

산과 물이 다하여 길이 없는가 싶더니

버들 푸르고 꽃이 붉게 핀 마을이 또 하나 나타나네.

불교에서 깨달음만큼이나 중요한 것이 중생교화입니다. 이에 통광 선사는 불교포교 및 인재양성에 큰 관심을 두었습니다. 1999년부터 조계종 제13 교구 본사인 쌍계사 승가대학에서 강주 소임을 맡아 14년 동안 학인들을 지도했습니다. 후학들에게는 늘 선과 교에 두루 통달하는 것도 중요하지만, 사회에 어떠한 형태로든 기여하는 것이 더 중요하다고 가르쳤습니다. 또한 강의와 법문은 물론, 저술활동에도 힘써 『고봉화상 선요·어록』과 『증도가 언기주』를 역주 발간하였습니다. 이 저작들은 오늘날 승가대학의 교재로 널리 활용되고 있습니다. 또한 초의선사의 『동다송』에 대한 번역과 해석은 선다(禪茶)에 대한 선사만의 고유한 이해와 미학적 통찰은 잘 드러내고 있습니다.

칠불사의 중창불사와 후인양성, 불교문화 전파라는 막중한 임무에 헌신하시던 통광 선사는 정작 본인의 건강을 돌보는 일에 소홀할 수밖에 없었습니다. 2011년 봄, 서울 아산병원에서 진찰을 받은 결과, 대장암이라는 진단을 받았는데, 암은 이미 다른 장기로 전이되어 있는 상태이었습니다. 하지만 극심한 고통 속에서도 선사께서는 늘 수행의 끈을 놓지 않았습니다. 예전에 범어사에서 사미계를 함께 받았던 효공 스님이 병으로 고생하고 있다는 소식을 듣고 선사가 보낸 서한이 이제는 선사 본인의 위로가 되었습니다.

曉空 스님에게

眞性은 淸淨하여 本無病之名字언만은 着五蘊之色身일새 於是에 策縛病魔하여 搏床呻吟矣라. 然이나 知痛者는 非痛이라. 若痛者인댄 何以知痛이리오. 非痛故로 知痛이니 當身心惱亂之際하여 不忘本參

公案하고 常自擧覺하여 頓悟無生하면 非但病滅이라 亦知四大本空하리니 何憚病哉아. 以病爲善知識하고 以悟爲則하야 切莫墮於病魔之圈櫃하여 虛度光陰을 至祝不己矣라.

참성품은 청정하여 본래 병이라는 이름도 없건만, 오온의 색신에 집착하기 때문에 이에 병마에 속박되어 병상을 치며 신음하는 것이다. 그러나 아픈 줄 아는 것은 아픈 것이 아니다. 만일 아픈 것이라면 어떻게 아픈 것을 알겠는가. 아픈 것이 아니기 때문에 아픈 것을 아는 것이니, 몸과 마음이 어지러울 때, 본래 참구하던 공안을 잊지 말고 항상 스스로 살펴 무생의 도리를 단박 깨달으면, 병이 없어질 뿐 아니라 사대가 본래 공한 줄 알 것이니, 어찌 병을 싫어하겠는가. 병으로 선지식을 삼고 깨침으로 법칙을 삼아 병마의 우리에 떨어져 헛되이 세월을 보내지 말기를 지극히 빌어 마지않네.

대웅전 보살상

통광 선사는 비록 병고로 인해 육신은 불편하였으나 마음은 공의 도리를 깨쳐 자유로웠습니다. 선사께서는 종종 이렇게 말씀하셨습니다.

"불교의 수행은 놀랍구나. 평상시에는 진통제를 복용해도 고통을 참기가 어려운데, 선정에 들면 어떠한 고통도 느껴지지 않게 된다."

생사를 초탈한 선사의 경지는 병상에서 남기신 임종게를 통해 잘 드러나고 있습니다.

生本無生何好生(생본무생하호생)
滅本無滅何惡滅(멸본무멸하오멸)
生滅好惡寂滅處(생멸호오적멸처)
法身光明遍法界(법신광명변법계)
태어나도 본래 태어난 적이 없는데 어찌 살기를 좋아하며,
죽어도 본래 죽은 적이 없는데 어찌 죽음을 싫어할 것인가.
삶과 죽음, 좋아하고 싫어함이 적멸한 곳에
법신 광명이 법계에 가득하다.

병고를 겪으면서도 생사의 근본 도리를 몸소 보여주었던 선사는 2013년 추석이 다가오던 즈음, 칠불사에서 앉은 채로 입적하였습니다. 그때 선사의 세수는 74세였으며, 법랍은 53년이었습니다.

법어(法語)

피안(彼岸)에 이르는 길

생사는 마음의 흐름에 붙인 생각일 뿐입니다. 무시이래(無始以來)로 마음은 그 흐름을 멈춘 적이 없으므로 결국 나고 죽는 일은 본래 없습니다. 마음의 본성은 공한 것, 긍정적으로 말해서 청정한 것이기에 분별 망상을 여의었습니다. 따라서 마음 자체를 활연히 알면 생사가 마음의 거울에 스쳐가는 그림자에 불과하다는 것을 알게 됩니다.

통광 스님, 좌선 사진

본무생사(本無生死)

　우주의 삼라만상은 모두 비로자나불 법신(法身)의 현현입니다. 사람이 살다가 죽는다고 해서 소멸되는 것이 아닙니다. 예를 들어, 저 산마루에 떠 있는 구름을 보십시오. 그 형태가 사라진다 하더라도, 비가 되든 냇물이 되든 결코 없어지는 것이 아닙니다. 마찬가지로 사람이 나고 죽는 것에 관계없이 마음의 흐름은 끊임없이 이어집니다. 그 마음자리를 법신이라 합니다.

　佛法在我心(불법재아심)

　莫向心外覓(막향심외멱)

　明心見本性(명심견본성)

　卽時成佛道(즉시성불도)

　불법이 내 마음에 있으니

마음 밖에서 찾지 말라.

마음을 밝혀 본성을 본다면,

바로 불도를 이루리라.

불교 수행의 궁극적인 목적은 부처가 되는 것입니다. 그렇다면 부처란 대체 누구이며 무엇이기에 평생을 바쳐 수행을 해야 하는가? 이 물음에 대한 대답은 간단합니다. 중생이 자신의 본성을 깨치면 그가 바로 부처입니다. 부처님과 조사 스님들은 내 마음을 떠나 다른 곳에서 부처를 찾지 말라고 가르치십니다. 『대승기신론』에서도 "법(法)이라는 것은 중생의 마음인데, 이 마음은 모든 세간법과 출세간법을 포섭한다."고 했습니다. 자신의 마음이 바로 부처라는 뜻입니다.

동양의 주요 종교인 유·불·선 3교에서는 모두 도(道)를 논할 때, 마치 약속이나 한 것처럼 심성(心性)을 언급합니다. 불교에서는 명심견성(明心見性)을 말하고, 도교에서는 수심연성(修心鍊性)을 말하며, 유교에서는 존심양성(存心養性)을 말합니다.

불교에서 말하는 명심견성(明心見性)은 본각진심(本覺眞心)에는 본래 미오(迷悟)가 없기 때문에 닦아 증득함이 있을 수 없지만, 시각(始覺)을 통해 성불하는 과정에서는 무명업식(無明業識)의 망심(妄心)을 없애고 진여본심(眞如本心)을 밝혀야 한다는 것입니다. 마음을 밝혀 그 본성을 보는 것이 곧 불도를 성취하는 것입니다. 다음 게송은 그런 이치를 잘 드러내고 있습니다.

自性淸淨不生滅(자성청정불생멸)

一切具足本圓成(일체구족본원성)

識心見性修佛行(식심견성수불행)

裟婆便是極樂國(사바변시극락국)

자성은 청정하여 생멸이 없고

일체를 구족하여 본래 원만히 이루어져 있다.

마음을 알고 성품을 보아 부처의 행을 닦으면

사바세계가 그대로 극락세계이다.

위 게송에서 식심(識心)은 앞서 언급한 명심(明心)과 같은 말입니다. 『육조단경』은 마음을 밝혀 다음과 같이 말합니다.

萬法盡在自心이거늘 何不從自心中에서 頓見眞如本性인가. 菩薩戒經云하건데 我本源自性淸淨이니 識心見性이면 自成佛道하여 卽時豁然還得本心이로다.

모든 법이 다 자신의 마음에 있거늘, 어찌 자기 마음에서 진여의 본성을 단박에 보지 못하는가? 『보살계경』에 말하기를 "나의 본래 근원은 자성이 맑고 깨끗하다."라고 했으니, 마음을 알아 성품을 보면 스스로 부처님의 도를 성취하여, 곧 활연히 본래 마음을 도로 찾게 될 것이다.

생사는 마음의 흐름에 붙인 생각일 뿐입니다. 무시이래(無始以來)로 마음은 그 흐름을 멈춘 적이 없으므로 결국 나고 죽는 일은 본래 없습니다. 마음의 본성은 공한 것, 긍정적으로 말해서 청정한 것이기에 분별 망상을 여의었습니다. 따라서 마음 자체를 활연히 알면 생사가 마음의 거울에 스쳐가는 그림자에 불과하다는 것을 알게 됩니다.

심자하야(心者何也)

일체유심조(一切唯心造)니 심즉시불(心卽是佛)이니 하는 말이 있습니다. 불교는 가는 곳마다 마음을 내세우고 그러다가 말문이 막히면 마음이라는 말 뒤에 숨습니다. 대체 마음이 무엇이어서 불교에서는 그러는 것일까요? 이 논란의 시작은 아무래도 달마 조사의 가르침에 그 연원이 있다고 해야 할 것 같습니다.

달마 조사가 소림사 주변 동굴에서 면벽 수행하고 있을 때 신광(神光)이라는 스님이 찾아왔습니다. 그는 도가 사상과 유가 사상을 배워 사물의 이치를 알고자 했으나 늘 부족함을 느끼다가, 조사의 소식을 듣고 도를 물으러 온 것이었습니다. 하지만 달마 조사는 면벽한 채 찾아온 신광을 본 척도 하지 않았습니다. 그해 섣달 아흐렛날 밤, 퍼붓는 눈은 동굴 앞에 선 신광의 무릎을 덮고도 남았습니다. 달마 조사가 측은하여 물었습니다.

"그대는 오랫동안 눈 속에 서 있는데 대체 무엇을 구하려고 그
러는가?"

신광이 울면서 하소연하였습니다.

"제발 자비를 베푸셔서 저를 위해 법문을 해주소서."

"부처님의 미묘한 도는 참기 어려운 일을 참아야 이루어진다.
어찌 가볍고 오만한 마음으로 구하려하는가? 부질없이 고생하지
말고 돌아가거라."

신광은 날카로운 칼로 자신의 왼쪽 팔을 잘라 조사 앞에 놓았
습니다. 그것을 본 달마 조사가 말했습니다.

"부처님께서 처음 법을 구하실 때처럼 그대도 몸을 잊었으니 참
으로 법을 구할 만하도다. 말해 보라. 그대는 무엇을 원하느냐?"

"저의 마음이 편안하지 못하니 스님께서는 저의 마음을 편안하
게 해 주십시오."

"그 마음을 이리 가져 오너라. 내가 편안하게 해 주겠다."

한참 후에 신광이 말했습니다.

"아무리 애를 써도 마음을 찾지 못했습니다."

"되었다. 내가 그대의 마음을 편안하게 해 주었다."

그 한 마디에 깨달음을 얻은 신광은 달마 조사의 제자가 되었
고, 혜가(慧可)라는 법명을 받았습니다. 이 분이 바로 중국 선종의
제2조입니다.

어느 날 달마 조사가 혜가에게 말했습니다.

"그대는 밖의 모든 인연을 쉬고 안으로는 헐떡거림이 없도록 하

라. 그리하여 마음이 장벽 같아야 비로소 도에 들어갈 수 있다.”

혜가가 이 말에 대해 여러 가지로 궁리하다가, 어느 날 문득 깨닫고 조사에게 말했습니다.

“말씀하신대로 저는 모든 인연을 쉬었습니다.”

“단멸을 이루었다는 것인가?”

“그렇지 않습니다.”

“지금은 어떤가?”

“밝고 밝아서 어둡지 않으며, 분명하고 분명하여 항상 알고 있으나 무어라고 말로써 표현할 길이 없습니다.”

그러자 달마 조사가 말했습니다.

“이것이 부처님과 조사께서 전한 마음 그 자체이다. 다시는 의심하지 마라.”

혜가가 선의 진수를 깨달았다는 것을 확인한 후, 달마 조사는 서역으로 돌아갔습니다. 비록 조사는 떠났지만, 선은 혜가 선사에 의해 널리 전해졌습니다.

어느 날, 한 거사가 혜가 선사를 찾아왔습니다. 그는 풍병에 시달리고 있었습니다.

“저는 풍병을 앓고 있습니다. 스님께서 제발 저의 죄를 참회하게 해 주십시오.”

그러자 혜가가 말했습니다.

“그대의 죄를 가져오게. 그럼 내가 참회하게 해 주겠네.”

죄를 찾아보던 거사가 말했습니다.

"아무리 찾아도 죄를 찾을 수가 없습니다."

"그대의 죄는 이미 참회되었네."

거사는 스승의 예로 무릎을 꿇었습니다. 그에게 혜가 선사가 말했습니다.

"앞으로는 불법승 3보에 의지하여 머물도록 하라."

"지금 스님을 뵙고 승보가 무엇인지 알게 되었습니다만, 무엇을 불보라 하며, 무엇을 법보라 하는지는 잘 모르겠습니다."

"마음이 곧 불보이고 마음이 곧 법보이니, 불보와 법보는 다르지 않다. 승보 또한 그러하다."

"오늘에야 죄의 성품이 안에도 밖에도 중간에도 존재하지 않는 것을 알게 되었습니다. 마음이 그러하니, 불보와 법보도 역시 다르지 않다는 것을 알겠습니다."

그 거사는 그 자리에서 출가했습니다. 혜가 선사는 그에게 승찬(僧燦)이라는 법명을 주었습니다. 이 분이 선종의 제3대 조사입니다. 혜가 선사가 3조 승찬에게 한 선문답은 바로 달마 대사가 그에게 했던 안심법문(安心法門)이었습니다. 문제는 이들이 말한 '마음'이 무엇인가입니다.

마음이라는 순우리말을 한자로 하면 심(心)입니다. 불가에서 이 말은 그 쓰임새가 매우 광범위해서 한마디로 규정짓기 어렵습니다. 우주 삼라만상을 마음이라 하고, 감각기관을 통해 인식하는 행위도 마음이라 하며, 깨달음도 마음이라 합니다. 사물과 그것에 대한 앎은 분명히 서로 다르지만 둘 다 마음에 해당합니다.

이미 앞서 달마 대사나 혜가 선사의 대화에서 보았듯이, 마음은 선가에서 핵심적인 용어로 자리 잡고 있습니다. 그 사용용례를 살펴보도록 하겠습니다.

> "고종 연간에 광주의 법성사를 찾아가니 마침 인종 법사가 『열반경』을 강의하고 있었다. 그때 바람이 불어 깃발이 날리자, 어느 스님이 '깃발이 날린다.'고 하였고, 다른 스님이 '바람이 움직인다.'고 말했다. 나[=혜능 선사는 '움직이는 것은 바람이나 깃발이 아니라 그대들 마음이다.'고 말했다. 이 말을 듣고 인종 법사는 소스라치게 놀랐다고 한다."

마조(馬祖) 선사에게 어느 스님이 물었습니다.

"부처가 무엇입니까?"

마조 선사가 대답했습니다.

"마음이 부처이다."

스님이 다시 물었습니다.

"무엇이 도입니까?"

"무심(無心)이 도이다."

"부처와 도는 다른 것입니까?"

"손을 펴면 도이고 손을 쥐면 부처이다."

불교는 마음의 종교라 할 수 있습니다. 마음에 관한 복잡한 용례를 찾아 일목요연하게 정리하는 일은 불교교리를 궁구하는 분들에게 맡겨도 좋을 것입니다. 여기서는 감각이나 인식의 문제를 넘어, 존재의 본질로서의 마음을 부처님과 조사들이 어떻게 파악하고 있는지 알아보고자 합니다. 마음이 곧 부처이므로 마음을 좇아가다 보면 부처를 만날 수 있을 것입니다.

우선, 조주 선사의 '평상심시도(平常心是道)'에서 마음이 무엇인지에 대한 비밀의 열쇠를 찾을 수 있습니다. 평상심은 말 그대로 사람들이 일상생활에서 보고, 듣고, 내지 생각하는 마음입니다. 앞서 달마 대사의 '안심법문'에서 알 수 있듯이, 이러한 마음은 그 실체가 없습니다. 달리 표현하면, 마음은 공한 것입니다. 마음이 무엇인지 알기 위해서는 임제 선사의 다음 말을 음미해 볼 필요가 있습니다.

"도를 배우는 벗들이여! 마음은 형상이 없어서 시방세계를 관통하고 있다. 눈에 있을 때는 본다고 하고, 귀에 있을 때는 듣는다고 하며, 코에 있을 때는 냄새를 맡는다고 하고, 입에 있을 때는 말을 한다고 하며, 손에 있을 때는 잡는다고 하고, 발에 있을 때는 걸어 다닌다고 한다. 본래 이 하나의 정밀하고 밝은 것이 나뉘어 몸의 여섯 가지 부분과 화합하였을 뿐이다. 한 마음마저 없는 줄 알면 어디에서든 해탈이다. 산승이 이와 같이 이야기하는 뜻이 어디 있겠느냐. 다만 도를 배우는 사람들은 모든 치구심(馳

求心)을 쉬지 못하고, 옛 사람들의 부질없는 동작과 언어, 기경
(機境)을 숭상한다."

임제 선사는 일심이 어떻게 작동하느냐에 따라 보는 마음이라
하기도 하고, 듣는 마음이라 하기도 하나 그 일심마저 본래 공하
다고 합니다. 결국 '마음이란 무엇인가?'를 언설로 풀이하려 한다
면, 마음으로 마음을 이야기하는 무한 반복에 빠질 수밖에 없습니
다. 그러므로 황벽 선사의 다음 질문은 많은 것을 시사합니다.

"그러므로 만법은 오직 마음이다. 마음 역시 얻을 수 없다. 다시
어디서 구할 것인가."

수행의 길

發心畢竟二無別(발심필경이무별)

如是二心前心難(여시이심전심난)

마음을 내는 것과 궁극에 이르는 것, 이 둘은 다르지 않지만,

이 두 가지 가운데 앞의 마음이 어렵다.

'발심'이란 '발보리심'을 줄여 말한 것으로, 진리를 추구하는 마음을 내는 것입니다. 반면, '필경'이란 선성오도하여 구경열반에 이른 최후의 경지입니다. 위의 게송은 성불이 매우 어려운 것처럼 보이지만 사실 발심이 더 어렵다고 밝힙니다. 발심을 해야 도를 이룰 수 있지만, 발심은 저절로 되는 것이 아닙니다. 세간의 모든 것이 무상(無常)하고 공(空)하다고 뼈저리게 느껴야 비로소 보리심이 생기게 됩니다.

사문유관(四門遊觀)에서 부처님께서는 동쪽 문에서 노인이 늙어 허리가 구부러져 괴로워하는 것을 보시고, 이 세상에 태어난 사람은 누구나 늙음을 피할 수 없다는 것을 체감하셨습니다. 서쪽 문에서는 병든 사람을, 남쪽 문에서는 죽은 사람을, 북쪽 문에서는 출가한 사문을 만나고 나서 발심하여 출가하셨습니다. 출가 후 설산에 들어가 6년 동안 고행하시어 도를 이루셨습니다. 오늘 말씀드리고자 하는 주제는 바로 '발보리심'입니다. 어떻게 하면 보리심을 낼 수 있을까요?

우선, 불문(佛門)에 들어와 불자가 되려면 삼귀의를 하고 오계를 받아야 합니다. 삼귀의는 불법승 삼보에 귀의하는 것입니다. 삼보는 대개 역사적인 삼보, 주지삼보(住持三寶), 자성삼보(自性三寶)로 구분됩니다. 역사적인 삼보는 석가모니 부처님이 불보, 석가모니 부처님이 설하신 가르침이 법보, 그 가르침에 의지하는 수행자가 승보입니다. 반면, 주지삼보는 말법 시대에 불법을 유지하는 삼보로, 법당에 모셔 놓은 불상이 불보이고, 대장경이 법보이며, 계를 받고 출가한 스님들이 승보입니다. 자성삼보는 바로 자기 자신의 마음입니다. 청정한 마음자리가 불보이고, 마음의 지혜광명이 법보이며, 지혜로워 걸림이 없는 것이 승보입니다.

앞서 말한 세 가지 삼보 중, 깨달음을 이루는 데 가장 중요한 것은 자성삼보입니다. 자성삼보에 올바르게 귀의하면, 앉아 있는 이 자리에서 성불할 수 있습니다. 불교사를 통해 볼 때, 자성삼보에 귀의하여 도를 이룬 대표적인 사례로는 3조 승찬 선사를 들 수 있습니다. 어느 날 2조 혜가 선사가 법문을 마치자, 다른 대중들은 모두 떠났지만, 한 거사는 여전히 남아 있었습니다.

"그대는 왜 남아 있느냐?"

"스님께 부탁할 일이 있습니다. 저는 지금 풍창에 걸려 있습니다. 스님께서 저의 죄를 참회해 주십시오."

거사는 자신의 병을 치료하기 위해, 자신이 여러 생에 걸쳐 지은 죄업을 참회해 달라고 혜가 선사에게 요청했습니다. 이에 혜가 선사는 말했습니다.

"죄를 가져오라."

거사는 잠시 후 대답했습니다.

"스님, 아무리 죄를 찾아봐도 안에도 없고 바깥에도 없고 중간에도 없습니다."

"내가 너를 위해 죄를 참회해 마쳤으니 불법승 삼보에 귀의하라."

"스님을 뵈었으니 승보에는 귀의하였습니다만, 어떤 것이 불보이고, 어떤 것이 법보입니까?"

혜가는 다음의 게송을 낭송합니다.

心卽是佛(심즉시불)

心卽是法(심즉시법)

佛法無二(불법무이)

僧寶亦然(승보역연)

마음이 바로 부처이고,

마음이 바로 법이다.

불과 법이 둘이 아니다.

승보도 그러하다.

　『화엄경』에는 마음과 부처와 중생이 서로 다르지 않다고 합니다. 혜가 선사는 이 경에 의거해 마음이 바로 부처고, 마음이 바로 법이고, 마음이 바로 승임을 밝혀 줍니다. 이 게송을 들은 거사는 그 자리에서 깨달음을 얻었습니다. 그후 출가하여 3조 승찬 선사가 되었습니다. 삼보에 진정으로 귀의하면 이렇게 깨쳐 부처가 되는 것입니다.

　그럼 마음이란 무엇인가? 지금 이렇게 이야기하고 이야기를 듣고 있는 이 자체가 바로 마음입니다. 『임제록』에 보면, 지·수·화·풍 4대로 이루어진 우리의 육체는 법을 설하거나 법을 들을 수 없다고 합니다. 그렇다고 육체가 아닌 저 허공이 이야기하고 이야기를 들을 수는 없습니다. 그렇다면 무엇이 이렇게 이야기하고 이야기를 듣는 것일까요? 임제 스님은 분명하고 역력하지만 아무 형체가 없는 것이 말하고 듣는다고 합니다. 이렇게 말하고 듣는 것이 바로 생명의 근원이자 우주의 본체입니다. 그 자리는 언어도단(言語道斷)하고 심행처멸(心行處滅)이기 때문에 뭐라고 표현할 수 없고 사량할 수 없습니다. 굳이 표현하자면 그것을 마음이라 합니다. 이렇게 마음인 자성삼보에 귀의하면, 바로 성불할 수 있습니다.

불자는 삼귀의하고 나서, 오계(五戒)를 받습니다. 사실, 사미십계도 있고, 열 가지 중대계, 사십여덟 가지 경구계, 비구 이백오십계 등 계율은 그 종류가 많습니다. 하지만 이 모든 계율 가운데 근본이 되는 것이 오계입니다.

살생하지 말라.

도둑질하지 말라.

사음하지 말라.

거짓말하지 말라.

술 먹지 말라.

옛날 어느 스님이 참선을 하다가 하도 졸려서 연못가에서 포행을 하던 중, 연꽃 향이 향기로워 그 향을 음미했다고 합니다. 그때 연못을 지키는 신이 나타나 향을 도둑질한다고 꾸짖었습니다. 그런데 잠시 후 시커먼 괴물이 나타나서 연꽃을 뿌리째 뽑아 버려도 신은 아무 말도 하지 않았습니다. 이에 스님은 "향기만 맡아도 야단치더니, 왜 뿌리를 뽑는 데도 아무 말도 하지 않느냐?"고 따졌습니다. 연못의 신은 "당신은 일러주면 알 만하니까 그러는 거고, 저 괴물은 일러줘도 알아듣지 못하니 그만둔 것"이라고 답했다고 합니다. 불자님들이 지금 이 자리에 앉아 있다는 것은 산승이 전하는 말을 알아들을 수 있다는 것을 의미하므로, 다섯 가지 계율에 대해서 이야기해 보겠습니다.

　왜 이 다섯 가지 계율을 지켜야 하느냐? 생명의 근원이자 우주의 본체인 마음자리는 본래 자비롭습니다. 법신인 마음자리를 등지고 육진 경계에 합하면 중생이 되고, 육진 경계를 등지고 근본 마음자리에 계합하면 부처가 됩니다. 마음은 본래 자비로운데, 자비를 등지고 살생을 하면 어떻게 될까요? 마치 목적지가 서울인데 서울 반대 방향으로 가는 것과 같습니다. 본래 자비로운 마음자리에 어긋나는 행위를 하면 부처가 될 수 없습니다. 자비에 가장 위배되는 행위가 남의 생명을 빼앗는 것입니다. 모든 생명체는 살기를 좋아하고 죽기를 싫어하는 본능을 가집니다. 자비에 어긋나는 살생을 하지 않을 뿐만 아니라, 항상 방생을 실천하는 것이 마음자리를 지키는 방법입니다.

　중생의 마음자리는 공덕의 창고입니다. 모든 공덕이 마음에 본래 다 갖추어져 있음에도 불구하고, 무명(無明)의 영향 아래 온갖 경계에 탐심을 내고, 심지어 남의 것을 훔치게 됩니다. 남의 것을 탐하지 않고, 남에게 보시를 하는 것이 마음의 본래 자리를 지키는 길입니다. 또한 마음은 본래 청정합니다. 계율을 잘 지켜 마음을 더럽히지 말아야 합니다. 사음은 청정함에 위배되는 행위입니다. 출가자는 음행을 하지 않고, 재가자는 부부 사이에만 관계를 가지는 것이 마음의 청정함을 지키는 길입니다. 마음은 본래 진실한 자리입니다. 거짓말을 하면 본래의 마음에서 멀어지게 됩니다. 마지막으로, 마음은 본래 지혜로운 자리입니다. 술을 마셔 취하는 것은 지혜에 어긋나는 행위입니다.

대승불교에서는 이러한 오계를 더 적극적으로 해석합니다. 살생하지 않을 뿐만 아니라 방생을 하고, 도둑질하지 않을 뿐만 아니라 보시를 하고, 사음하지 않을 뿐만 아니라 청정한 범행을 닦고, 거짓말하지 않을 뿐만 아니라 진실한 말을 하고, 술을 먹지 않을 뿐만 아니라 슬기로운 관법을 닦아야 합니다. 이렇게 하다 보면, 본래의 마음자리가 그대로 드러나게 됩니다. 다시 말해, 계를 제대로 지키는 것이 바로 부처의 행을 실천하는 것입니다. 따라서 계는 다른 것이 아니라 마음 그 자체를 제대로 챙기는 것입니다. 예를 들어, 탐심이 일어날 때 한 생각 돌이키는 것이 바로 계를 지키는 것입니다. 마음의 본성을 깨달아 그 성품 그대로 살아가는 것이 진정한 의미에서 계를 지키는 것입니다.

법신사리(法身舍利)라는 말을 들어보셨을 것입니다. 법신사리가 무엇인지 아십니까?『금강경』이나『법화경』같은 경전이 바로 법신사리입니다. 선가에는 법신사리인 경전을 보다가 깨친 분들이 있습니다. 하지만 황매(黃梅) 선사가 말하듯이, 경을 보더라도 마음을 반조하지 아니하면 아무런 이익이 없습니다. 경을 볼 때 마음을 챙길 줄 알아야 깨달음을 얻을 수 있습니다.

옛날 도를 이룬 어느 스님이 한 곳을 가니, 한 젊은이가『금강경』을 읽고 있었습니다. 그런데 가만 보니 뜻을 제대로 모르고 읽기만 하고 있는 듯했습니다. 그래서 그 스님은 그에게 게송을 지어 주었습니다.

君讀般若經(군독반야경)

般若不在經(반야부재경)

經從般若出(경종반야출)

般若讀般若(반야독반야)

그대가 『반야경』을 읽고 있지만,

반야는 경에 있지 않다.

경이 반야에서 나왔으니,

반야가 반야를 읽고 있구나.

반야는 지혜를 의미합니다. 반야는 세 가지로 구분됩니다. 첫째는 문자반야(文字般若)입니다. 문자반야는 글로 표현된 것으로 대장경이 바로 그것에 해당됩니다. 둘째는 관조반야(觀照般若)입니다. 관조반야는 염불하거나 참선하면서 일념으로 살펴나가는 것입니다. 대승경전에서는 생명의 근원이자 우주의 본체인 근본자리를 열반이라고 합니다. 열반의 이치를 보리의 지혜로 관해서 이치와 지혜가 하나가 되는 것이 이지명합(理智冥合)입니다. 관조반야는 화두를 일념으로 살피거나, 염불을 일념으로 하거나, 경을 일념으로 독송해서 이지명합을 이루는 것입니다. 마지막으로 실상반야(實相般若)는 진리 그 자체입니다.

이 세 가지 반야 가운데, 앞의 게송에서 언급된 '군독반야경'의 반야는 문자반야에 해당하고, '반야부재경'의 반야는 실상반야에 해당합니다. 진리는 언어 문자에 있는 것이 아닙니다. 『능가경』에서 부처님의 마지막 말씀은 "내가 녹야원에서 다섯 비구에게 4성제 법문을 설할 때부터 열반에 이르기까지 한 글자도 말한 적이 없다."입니다. 진리는 언설을 떠난 자리입니다.

그렇다면, 언어와 문자로 이루어진 경전이 가지는 의미는 무엇일까요? 경전은 깨치신 분에게서 나온 것입니다. 깨치지 못하면 문자반야도 내어 보일 수 없습니다. 경전이 반야로부터 나왔으니, 그것을 표현하는 경전 역시 본래의 마음자리를 서술하는 것입니다. 따라서 문자반야는 실상반야 그 자체는 아닐지라도, 실상반야가 무엇인지를 어느 정도 보여줄 수 있습니다. 경을 읽어가며 마음을 살펴보면, 한 말씀에 몰록 생사를 잊어버리는 경지에 도달할 수 있습니다.

① 염불

가나, 오나, 앉으나, 누우나, 잠을 자나, 심지어 꿈속에서도 일념으로 수행하면 도를 이룰 수 있습니다. 예전에는 염불할 때 주로 '나무아미타불'을 염송했습니다. 나무아미타불의 '나무'는 멈어인네 '귀의한다'는 의미입니다. '아미타'는 영원한 생명과 헤아릴 수 없는 지혜광명을 뜻합니다. 나무아미타불은 이러한 생명과 지혜광명을 갖추신 아미타불에 귀의하는 것입니다. 일념으로 나무아미타불을 염하는 것을 참구염불(參究念佛)이라 합니다. 참구염불을 지속하여, 마치 흐르는 물에 달이 비칠 때 물은 흘러가도 달빛은 떠내

려가지 않듯이, 어떤 세파가 닥쳐도 마음이 흔들리지 않는 경지에 이르면 청정한 본연의 자리가 드러납니다. 예전에 어느 스님이 자기 여동생에게 전한 게송이 있습니다.

阿彌陀佛在何方(아미타불재하방)

着得心頭切莫忘(착득심두절막망)

念到念窮無念處(염도염궁무념처)

六門常放紫金光(육문상방자금광)

아미타불이 어느 곳에 있는가?

마음으로 항시 챙겨 놓치지 마라.

생각하고 생각해서 그 생각마저 없어질 때,

육근에서 항상 금빛 광명을 놓으리라.

눈, 귀, 코, 내지 마음에서 부모가 낳아준 이 몸 그대로 금빛 광명을 내면 어떻게 될까요? 이 경지에 이른 분이 바로 아미타불입니다. 아미타불이 계시는 곳이 극락입니다. 스스로 아미타불이 되면 한 발자국도 옮기지 않고 몸담고 있는 세계 그대로가 극락세계가 됩니다. 누가 보내주고 말고 할 것 없이 저절로 왕생극락이 이루어집니다. 극락세계는 서쪽 10만억 국토를 지나서 따로 있는 것이 아닙니다. 척 깨치면 나무아미타불을 염하는 스스로가 아미타불이며 머물고 있는 그곳이 극락입니다.

② 참선

염불로 도를 이루듯, 참선으로도 도를 이룰 수 있습니다. 그렇
다면 참선을 제대로 하려면 어떻게 해야 할까요? 참선의 출발점은
발심입니다. 수행자는 이 세상이 무상하다는 것을 절실히 느낄 때
열반적정에 이르고자 하는 마음이 생깁니다. 세상만사가 무상한
이유는 중생 스스로가 생로병사하기 때문입니다. 불교의 궁극적인
목적은 이고득락(離苦得樂)입니다. 수행자는 생사의 고통을 여의
고 열반의 즐거움을 얻기 위해 참선합니다. 생멸하는 몸에서 생멸
하지 않는 도리를 깨닫겠다는 확고한 신념이 생길 때, 생명의 근
원과 우주의 실상에 대한 의문이 일어납니다. 이러한 의문이 바로
공안참구입니다.

"날 때 어디에서 왔으며, 죽어 어디로 가는가?"

"우주의 본질은 무엇인가?"

이러한 질문이 화두가 됩니다.

生從何處來(생종하처래)

死向何處去(사향하처거)

生也一片浮雲起(생야일편부운기)

死也一片浮雲滅(사야일편부운멸)

獨有一物常獨露(독유일물상독로)

태어날 때 어디에서 왔으며,

죽어 어디로 가는가?

이 세상에 태어나는 것은 한 조각 구름이 일어나는 것 같고,

죽는 것은 한 조각 구름이 사라지는 것과 같다.

다만 한 물건이 있어 항상 홀로 드러나 있다.

허공에 구름이 일어나고 사라져도 허공은 변하지 않듯, 중생의 근본 자리는 생긴 적도 멸한 적도 없습니다. 그러한 도리를 깨닫기 위해 화두를 간택합니다. 『전등록』에는 1700여 개의 공안이 수록되어 있습니다. 그중 화두 하나를 택해서 수행하지만, 그 화두에 확신이 없는 경우 다른 화두를 찾게 됩니다. 하지만 이런 식으로 수행하면 진전이 없습니다.

화두를 참구하는 데 반드시 선행되어야 할 것은 그 화두에 대해 확신을 가지는 것입니다. 예를 들어, 어느 스님이 조주 스님께 "개도 불성이 있습니까?"라고 묻자, 조주 스님은 "무(無)."라고 답했습니다. '경전에서는 벌레조차 다 불성이 있다고 하는데, 왜 조주 스님은 개에게는 불성이 없다고 했을까?' 처음 화두를 들 때는 이러한 의심이 익지 않기 때문에 화두를 염불하듯이 외울 수밖에 없습니다. 하지만 '조주 스님께서 이렇게 말씀하신 것은 분명히 이유가 있을 것이다.'고 확신을 해야 합니다. 이러한 확신을 지니고 화두를 계속 들다 보면, 어느 시점에 가나, 오나, 앉으나, 누우나, 잠을 자나 일념으로 화두를 참구할 수 있게 됩니다. 이것을 활구참선(活句

參禪)이라고 합니다. 이 경지에 이르면 일념마저 뚝 끊어져 마음 본
연의 자리가 드러납니다. 『중봉선사어록』에 이러한 말이 있습니다.

　　道心堅固(도심견고)

　　須要見性(수요견성)

　　疑着話頭(의착화두)

　　如皎生鐵(여교생철)

　　도심은 견고하니

　　반드시 견성하기를 요한다.

　　화두에 의심을 붙여서

　　생철을 씹는 것처럼 하라.

생철을 어떻게 씹을 수 있겠습니까? 설령 씹을 수 있다 하더라
도, 아무런 맛도 맛볼 수 없을 것입니다. 그럼에도 불구하고 발심
을 견고히 해야만 합니다. 그래야 일념의 경지에 들 수 있습니다.

③ 기노

기도를 통해서도 도를 이룰 수 있습니다. 기도는 중생이 자신의
힘으로는 도저히 할 수 없는 일을 불보살의 가피에 의존해서 성취
하고자 하는 것입니다. 예를 들어, 병원에서 수술이나 약으로 치료
가 가능할 때는 그에 따르는 것이 마땅하지만, 달리 치료 방법이

없을 경우에는 불보살께 의지하여 치유를 기원하는 것입니다. 아미타불 48대원 중 하나는 어떤 중생이든 임종할 때에 아미타불을 10번 부르면 극락정토로 인도하겠다는 것입니다. 이것은 아미타불의 원력에 의한 왕생극락입니다. 중생이 불보살을 감동시킬 때, 불보살은 중생의 소원에 응해주십니다. 마찬가지로, 여래십대발원문이나 보현십대원 등 불보살의 여러 서원이 있습니다. 기도를 지극정성으로 하면 불보살의 원력에 따라 자신의 원이 성취됩니다. 부처님의 법신은 우주 법계에 충만해 있습니다. 때문에 어디에서 기도하든 불보살은 응답하십니다. 이는 마치 달빛이 천 개의 강 모두에 비추는 것과 같습니다.

마음에서 만법이 벌어져 나옵니다. 마음은 본래 청정하며, 동요가 없고, 지혜공덕과 신통묘용을 다 갖추고 있습니다. 『열반경』에 따르면, 모든 중생은 부처의 성품을 가지고 있지만, 번뇌로 인해 그 성품대로 살지 못합니다. 염불하든, 참선하든, 기도하든 일념으로 하면 마음이 맑고 밝아집니다. 구름이 낀 하늘에 바람이 불면 햇빛이 드러나듯이, 일념이 되면 지혜광명이 드러납니다. 절에서 수행력이 높은 스님이 축원을 하는 이유는 마음이 맑고 밝은 분이 축원을 해야 그 효과가 크기 때문입니다.

진묵 대사는 누가 기도하러 오면 나한전에 가서 주장자로 나한님의 머리를 톡톡 치면서 "아무개에게 이러이러한 소원이 있습니다."고 말했다고 합니다. 그러면 나한님은 그 소원이 성취되도록 해주었다고 합니다. 그런데 어느 날, 스님의 부재중에 어느 보살이 소원을 빌러 오자 어린 사미승이 스님 대신 나한전에 가서 주장자로 나한님의 머리를 툭툭 쳤답니다. 그러자 나한님은 사미승을 산 너머에 내다 버렸답니다. 진묵 스님이 나한님에게 이유를 묻자 "마음이 청정하지도 않은 놈이 내 머리를 툭툭 치니 그렇지."라고 하더랍니다. 마음이 맑으면 소원이 이루어지지만, 그렇지 않으면 소원은 이루어지지 않습니다. 기도의 핵심은 스스로의 마음을 맑히는 것입니다. 기도를 통해 마음이 맑아진 중생이 곧 부처이며, 그 중생이 살아가는 곳이 곧 부처의 세계입니다

이곳의 주지 스님께서 법사님들을 초정해서 법회를 여는 것도 사실 불자님들이 수행을 통해 생사의 고통을 여의고 열반의 즐거움을 얻기 위한 장을 마련하기 위해서입니다. 가나, 오나, 앉으나, 누우나 일념으로 정진하여 견성오도하시기를 간절히 바랍니다. 오늘 법문을 마치겠습니다.

발보리심(發菩提心)

선종이 제시하는 견성성불의 길은 "너무 쉬워서 당장 이룰 수 있다."고 주장하는 사람이 있습니다. 하지만 정작 "그러면 주위에 견성한 사람이 있느냐?"고 물으면, "내 주위에는 아직 아무도 없다."고 고백합니다. 대혜 스님은 『서장』에서 "부처가 되는 길이 쉽다고들 하지만 사실은 매우 어렵다."고 솔직하게 말했습니다.

불교는 석가족의 왕자 고타마 싯다르타가 고행 끝에 깨달음을 얻고, 그것을 45년 동안 대중에게 가르치신 것입니다. 경론을 배워 진리를 추구하는 것을 교(敎)라 하며, 수행을 통해 깨달음을 이루는 것을 선(禪)이라 합니다. 불가에서는 "부처님의 마음은 선이고 가르침은 교다."는 말로 선과 교의 차이를 표현합니다. 선과 교는 물과 기름처럼 각각 분명한 특성을 가지고 본연의 자리를 지켜 왔습니다.

오늘날 조계종에서는 참선을 통해 단번에 깨칠 수 있다고 주장하지만, 이는 자칫 교를 등한시할 우를 범할 위험이 있습니다. 집을 떠난 아이가 길을 모르면 돌아갈 수 없듯이, 교를 알지 모르고 수행만 고집하면 불법(佛法)이 아닌 것에서 헤매기 쉽습니다. 따라서 수행하기에 앞서 무엇부터 해야 하는지를 고민해 볼 필요가 있습니다.

고해에서 벗어나고자 할 때 출발점은 발심입니다. 진리를 구하여 자타를 이롭게 하겠다는 서원을 세워야 해탈할 힘이 생깁니다. 하지만 발심은 그냥 생기는 것이 아닙니다. 발심의 근원에는 무상(無常)에 대한 생생한 체험이 있어야 합니다. "인생은 무상하고, 덧없는 가운데 고해가 펼쳐진다. 이러한 고해에서 벗어나 대자유를 얻고 싶다."는 절실함이 발심을 일으킵니다.

부처님의 출가동기를 이야기할 때 항상 등장하는 것이 사문유관(四門遊觀)입니다. 청년 싯다르타는 어느 날 카필라 성 동쪽 문으로 나가다가 문 근처에서 한 노인을 보았습니다. 그 노인은 허리가 굽어 힘들게 걸어가고 있었습니다.

"저 사람은 왜 저러한가?"

수행하던 신하가 대답했습니다.

"사람은 늙으면 저렇게 됩니다."

"누구나 다 그러한가?"

"누구나 다 그렇습니다. 설령 왕이라 하더라도 예외가 없습니다."

태자는 충격을 받았습니다.

얼마 후, 태자는 다시 유행(遊行)에 나섰고, 이번에는 서쪽 문에서 병든 사람을 보았습니다. 환자는 가족에 의해 들것에 실려 어디론가 옮겨지고 있었습니다.

"저 사람은 왜 저렇지?"

"병이 들었기 때문입니다. 살다 보면 누구나 병이 듭니다."

태자는 이번에도 깊은 충격을 받았습니다.

다시 남쪽 문을 나갔을 때, 이번에는 죽은 사람을 장례 지내러 가는 사람들을 보았습니다.

"저 사람들은 어디에 가는가?"

"사람이 죽어 화장터에 가고 있습니다."

"죽음은 무엇인가?"

"꽃이 시들어 나뭇가지에서 떨어지는 것처럼 사람의 생명이 멈추는 것입니다."

"누가 죽는가?"

"모든 사람이 죽습니다."

마지막으로 싯다르타는 북쪽 문을 나서다가 출가한 사문(沙門)을 만났습니다. 고행을 한 듯 사문의 행색은 남루하고 몸은 비루했지만 그의 눈은 맑고 반짝였습니다.

"당신은 무엇을 하는 사람입니까?"

"사람은 누구나 늙고 병들어 죽습니다. 저는 이러한 고의 족쇄에서 벗어나기 위해 수행을 하는 사람입니다."

인생의 무상함을 절실히 느끼고 있던 태자는 생사로부터 벗어나는 길을 추구하는 사문의 말에 큰 감명을 받았습니다. 이 사문 유관이 태자가 6년의 고행 끝에 성불하게 된 시발점입니다.

부처님은 고행 끝에 불도를 이루고 45년간 설법하시어 중생을 교화하셨습니다. 어찌 부처님뿐이겠습니까. 많은 조사 스님들도 깨달음을 얻고 가르침을 펴 중생을 위한 길잡이가 되셨습니다. 하지만 어둠을 밝히는 길 안내자가 많음에도 불구하고 대중이 길을 찾아가지 못하는 것은 가고자 하는 절실한 마음이 부족하기 때문입니다. 따라서 참 불자가 되기 위한 첫 출발점은 싯다르타 태자처럼 인생무상에 사무쳐 발심하는 것입니다.

단도직입하는 경절문(徑截門)인 참선수행의 수승한 점은 아무리 강조해도 지나치지 않습니다. 하지만 참선도 발심이 돈독해야 가능합니다. 발보리심은 수행의 출발점입니다. 견성성불이 산의 정상이라고 할 때, 그곳으로 가는 능선은 여러 갈래가 있습니다. 염불도 하나의 능선이고, 기도도 하나의 능선이며, 참선도 하나의 능선입니다. 이 이외에도 시대에 따라, 장소에 따라, 중생의 근기에 따라 수많은 능선이 있을 수 있습니다. 하지만 이 모든 것에 우선하는 것이 발심입니다. 중요한 것은 자신의 마음자리를 여실하게 보고자 하는 자세와 의지입니다. 부처님도 우리와 같은 인간이었습니다. 발심하면 우리도 부처님처럼 생사에 자유로워질 수 있습니다. 이 얼마나 고달픈 인류에게 던지는 거대한 희소식입니까.

발심하고 나면 어떻게 해야 할까요? 우선 계(戒)를 잘 지켜야 합니다. 부처님의 가르침이 교이고 부처님의 행이 계입니다. 어째서 계를 지켜야 하는가? 자기 자신을 포함한 우주의 근본은 본래 청정하며, 지혜롭고, 자비로운 자리이기 때문입니다. 육진경계에 매여 깨달음을 등지는 배각합진(背覺合塵)은 중생의 자리이나 육진을 등지고 깨달음에 계합하는 배진합각(背塵合覺)은 부처의 자리입니다. 본래의 성품을 등지고 계를 어기는 것은 고해에 빠지게 합니다. 살생 등 계에 어긋나는 행위를 해서는 결코 성불할 수 없습니다.

중생의 본래 마음자리를 공덕장(功德藏)이라 합니다. 청정한 마음에는 일체의 공덕이 이미 다 갖춰져 있습니다. 따라서 경계에 매달려 밖에서 구할 것이 없습니다. 자기 자신의 보물은 돌보지 않고 밖의 경계에 집착하면, 자신의 본래 마음자리에서 멀어지게 됩니다. 반면, 온 몸과 마음으로 계를 지키면, 본래의 자성에 가까워지게 됩니다. 청정한 마음자리가 바로 계의 본체이기 때문입니다.

계행의 핵심은 왜 계를 지켜야 하는지를 철저하게 아는 것입니다, 깨치지 않으면 계를 온전하게 지키기 어렵습니다. 계행의 근원을 거슬러 가보면 결국 지혜, 즉 깨달음에 도달하게 됩니다. 계를 잘 지키면 견성할 수 있다는 것도 근본적으로 깨달음과 계행이 서로 다르지 않아서 입니다. 이런 의미에서 마음의 자성 그대로를 알아 본래 성품대로 살아가는 것이 중요합니다.

통광 스님, 책상 옆에 앉아 글 쓰는 사진

일심참구

불교의 핵심인 계·정·혜 삼학의 근본은 일심(一心)입니다. 일심은 다양하게 설명됩니다. 진각 혜심의『선문염송』제17송에 다음과 같은 이야기가 나옵니다.

어느 외도가 부처님께 말합니다.

"말 있는 도리로도 묻지 않고, 말 없는 도리로도 묻지 않습니다."

이에 부처님께서는 아무 말 없이 가만히 계셨습니다. 그러자 외도가 부처님을 찬탄하며 "세존께서 대자대비로 저의 미혹을 그치게 하셨습니다."라고 말했습니다. 이 말을 듣고 부처님을 모시고 있던 아난 존자가 "세존께서는 아무 말씀도 안 하셨는데 어떻게 미혹을 그치게 했다는 것입니까?"하고 묻자, 부처님께서 "훌륭한 말은 채찍의 그림자만 보고도 천리를 달린다."고 대답하셨습니다. 좋은 말은 채찍의 그림자만 보고도 천리를 달리지만, 둔한 말은 채찍을 맞아야만 비로소 달린다고 합니다. 이처럼 수행자에게도 상근기, 중근기, 하근기가 있습니다.

노자도 이와 유사한 이야기를 합니다.

"상근기의 선비는 도를 들으면 알아서 그대로 실천하고, 중근기의 선비는 반은 믿고 반은 의심하여 바로 실천하지 못하며, 하근기의 선비는 도를 들으면 크게 비웃어버린다."

유교에서도 마찬가지로, 상근기는 태어나면서부터 알고, 중근기는 배워서 알며, 하근기는 애써 노력해서 안다고 합니다. 하지만 중요한 것은 도를 이루고 나서는 어느 근기이든 모두 같은 경지에 이른다고 합니다.

조계종이 추구하는 간화선은 말 한마디에 척 깨치는 방식을 추구합니다. 예를 들어, 어느 스님이 조주 선사를 찾아가서 "무엇이 달마 대사가 서쪽에서 온 까닭입니까?"하고 묻습니다. 이에 조주 선사가 "뜰 앞의 잣나무."라고 대답합니다. 그 스님이 "스님! 경계를 들어서 보이지 마십시오. 뜰 앞의 잣나무는 경계가 아닙니까? 그것 말고 다시 일러 주십시오. 어떤 것이 조사가 서쪽에서 오신 뜻입니까?"하고 다시 묻자, 조주 선사는 "뜰 앞의 잣나무."라고 동일하게 답합니다. 이 대답은 조주 선사가 자기의 살림살이, 즉 자신이 깨달은 바를 있는 그대로 드러내 보인 것입니다. 선어록에서는 이것을 '화반탁출(和盤托出)'이라 합니다. 자기가 받은 음식의 일부분을 덜어내어 남에게 주는 것이 아니라, 받은 밥상 그대로 다

밀쳐 주듯이 자신의 깨달음을 모두 그대로 드러내 보이는 것입니다. 또한, 이것을 자기가 깨달은 진리 그대로를 드러낸다는 의미에서 전제구(全提句)라고도 합니다.

중근기나 하근기의 수행자는 조주 선사가 본인이 깨달은 내용을 모두 그대로 내보여주어도 알아차리지 못합니다. 따라서 어쩔 수 없이 "왜 뜰 앞의 잣나무라고 했을까?"하고 의문을 품고 참구하는 것입니다. 이렇게 의심을 일으키고 그 의심을 무르익게 하는 것이 간화선 수행입니다.

간화선에서 화두를 드는 것에는 송(誦), 염(念), 간(看), 참(參), 네 가지 단계가 있습니다. 첫 번째 단계는 화두 참구가 되지 않아서 어쩔 수 없이 화두를 외우는 것입니다. 두 번째 단계는 염불하듯이 화두를 마음에 새기는 것이며, 세 번째 단계는 마치 고양이가 구멍 속의 쥐를 노리듯, 일념으로 화두를 살펴나가는 것입니다. 마지막 단계는 화두를 드는 나도, 화두 자체도 다 잊어버리고 어떤 경계를 만나더라도 일념만을 또렷이 드러내는 것입니다. 이렇게 참구하다 보면 심기일전하여 청정한 본연의 자리가 드러나 견성오도하게 됩니다.

견성(見性)은 성품을 본다는 의미로, 이 말에서의 '견(見)'은 '본다'는 뜻보다는 '드러나다'는 뜻이 더 적합합니다. '본다'라고 할 경우, 보는 자와 보이는 성품의 구분이 있게 되기 때문에 주관과 객관의 분별이 생기게 되고 맙니다. 하지만 화두를 일념으로 참구하면 모든 생각이 똘똘 뭉쳐서 하나가 되어 오직 일념만이 남습니다. 『기신론』에서는 각심초기(覺心初起) 심무초상(心無初相)이라 하여 이 상태가 되면 본래 청정한 마음자리가 드러난다고 합니다.

깨달음에는 본각(本覺)과 시각(始覺) 두 가지가 있습니다. 본각은 중생과 부처가 본래 평등한 자리임을 수행하기 전부터 이미 알고 있는 것이고, 시각은 수행을 통해 평등한 자리임을 깨닫는 것입니다. 『법화경』에 나온 예를 소개해 보겠습니다.

어느 날 잘사는 친구가 못사는 친구를 위해 몰래 그 친구의 옷 속에 값진 구슬을 넣어주었습니다. 오랜 시간이 지나 두 친구가 다시 만났을 때 잘사는 친구가 여전히 가난하게 지내고 있는 친구에게 물었습니다. "이 사람아! 그때 내가 준 구슬을 팔았으면 이미 부자가 되었을 텐데, 어째서 여전히 가난하게 살고 있는가?" 그때야 비로소 못사는 친구가 구슬을 찾아보게 되었고 자신에게 보물이 있음을 알게 되었습니다. 이 예에서 찾기 이전에도 이미 구슬이 자기 옷 속에 존재하는 것을 아는 것이 본각이고, 구슬을 찾아본 후에야 그것이 있는 것을 알게 되는 것이 시각입니다.

본각임에도 불구하고 무지하니 어쩔 수 없이 시각을 통해서 구경각을 이루는 것입니다. 일념이 되어 어떤 경세에 부딪치더라도 한 생각마저 뚝 끊어져서 본각진심의 자리를 돈오하는 것이 바로 견성이고 성불입니다. 이것을 돈오돈수(頓悟頓修)라고 합니다. 화두참구에 일념이 될 때에 다겁생 동안 쌓여 온 무명업식이 모두 소멸하여 더 닦을 게 없어집니다. 척 깨쳐버리니 돈오하는 동시에 돈수합니다.

그렇다면 어떻게 해야 돈오할 마음이 일어날 수 있을까요? 당송 팔대가 중 한 분인 백거이는 항주의 자사로 부임하던 중, 인근 진망산에 도림 선사가 계신다는 소문을 듣게 됩니다. 그가 선사의 거처를 찾아가 보니, 노스님이 높은 소나무 위에서 졸고 있었습니다. 떨어지면 큰 일이 날 것 같아, "스님, 너무 위험합니다."라고 말하자, 도림 선사는 "내가 보기에는 그대가 더 위험해 보입니다."라고 말했습니다. 백거이가 "저는 평지에 있는데 무슨 위험이 있겠습니까?"라고 묻자, 선사는 "번뇌의 불길이 쉬지 않고 타고 있으니, 그대에게 위험이 따를 수밖에 없지요."라고 대답했습니다. 중생은 자신에게 번뇌의 불길이 타고 있음을 알지 못합니다. 그러니 어찌 위험하지 않겠습니까? 삶 자체가 위급하다는 것을 절실히 느낄 때, 비로소 진정한 의미에서의 수행이 시작됩니다.

예전에 설봉 선사라는 분이 계셨습니다. 그 분은 발심 법문을 아주 잘했습니다. 발심 법문이란, 우리의 삶이 언제 어떻게 될지 알 수 없고 또한 제행이 무상하다는 사실을 온 마음으로 맞이하게 하는 것입니다. 설봉 선사는 『사십이장경』을 들어 법문을 자주 했습니다.

"불자야! 목숨이 호흡하는 사이에 있는데, 어떻게 다른 일을 분별할 틈이 있겠느냐? 정신을 바짝 차려서 머리에 붙은 불을 끄듯 급히 서둘러야 한다."

업화가 타오르고, 제행이 무상하여 모든 것이 다 변화하는 중생의 세계에서 무엇인들 제 모습을 간직할 수 있겠습니까? 결국, 깨닫기까지 오직 일심을 챙길 뿐입니다.

참선공부

오늘은 선에 대해서 말씀드리겠습니다. 선이라고 해서 부처님의 가르침에서 벗어나는 것이 아닙니다. 『화엄경』에서 부처님은 이렇게 말씀하셨습니다.

"아, 기특하고 기특하구나! 널리 모든 중생을 살펴보니, 모두 여래와 똑같은 지혜공덕과 신통묘용을 갖추고 있건만, 망상과 집착으로 인해서 그것들을 갖추고 있음을 알지 못하는구나!"

중생이 갖추고 있는 지혜와 신통은 부처님이 갖추고 있는 것과 동일합니다. 다만 중생에게는 망상 집착이 그것들을 가리고 있으나, 부처님에게는 그렇지 않습니다. 『열반경』에도 "모든 중생에게 불성이 있다."는 가르침이 있습니다. 이 가르침은 중생이 본래 부처라는 것을 말합니다.

그렇다면 선이란 무엇일까요? 선은 다음의 4구로 요약할 수 있습니다.

不立文子(불립문자)

教外別傳(교외별전)

直指人心(직지인심)

見性成佛(견성성불)

문자를 세우지 않고,

교리 밖에서 따로 전한다.

바로 사람의 마음을 가리켜서,

성품을 보고 부처를 이루게 한다.

선은 앞서 두 경전의 가르침대로 수행자가 자기 자신이 이미 부처라는 사실을 자각하게 하는 것입니다. 그런데 어째서 범부는 이 사실을 자각하지 못할까요? 부처님께서 말씀하신 대로, 그것은 망상과 집착 때문입니다. 그러므로 선은 결국 망상과 집착을 없애는 수행방법이라고 할 수 있습니다. 하지만 범부들이 불교의 진정한 취지를 알지 못하기 때문에 망상과 집착을 없애기 위해 달마 조사와 같은 분들이 "언어와 문자에 진리가 있지 않다." "언어와 문자 그 너머에 있는 진여자성을 보아야 한다."고 말씀하신 것입니다. 『금강경』에서는 "여래가 설하신 반야바라밀은 곧 반야바라밀이 아니다."라고 했습니다. 반야바라밀이란 단지 이름에 불과하며,

진리는 그 이름을 넘어 있습니다. 또한 『육조단경』에서는 "중생의 마음은 본래 청정하다. 다만 그 마음만 쓸 수 있다면 바로 성불한다."고 설해져 있습니다. 중생의 마음은 본래 청정하여 환히 비춰주는 광명과 같습니다. 바로 척 깨쳐서 본래 마음을 아는 것이 성불입니다.

선은 선나(禪那)의 약어로, '고요히 생각한다'는 의미의 정려(靜慮)나 '생각하면서 닦는다'는 의미의 사유수(思惟修)로 의역됩니다. 선가에서는 삼처전심(三處傳心)이 선의 원류라고 합니다. 부처님께서 영산회상에서 설법하실 때, 대중에게 꽃 한 송이를 척 들어 보였습니다. 그때 대중은 모두 어리둥절하여 무슨 영문인지 모르고 있었으나, 오직 가섭 존자만이 빙그레 미소를 지었습니다. 그때 부처님께서 정법안장과 열반묘심을 가섭 존자에게 전했다고 합니다. 이것이 일처전심입니다. 언어나 문자의 개입 없이 마음에서 마음으로 전한 것입니다.

또 다른 경우는, 부처님께서 설법을 하고 계셨는데, 가섭 존자가 어디 갔다가 늦게 왔답니다. 앉을 자리가 없자, 부처님께서 본인이 앉아 있던 자리를 반쯤 내주어 가섭 존자를 앉게 하고, 금강가사로 덮어주었습니다. 그 자리에서 부처님은 또 한 번 마음의 법을 가섭 존자에게 전했다고 합니다. 이것이 이처전심입니다.

마지막으로, 부처님께서 열반에 드셨을 때, 가섭 존자가 먼 곳에서 포교하다가 일주일 뒤에 도착했다고 합니다. 가섭 존자가 와서 오른쪽으로 세 바퀴 돌고 절을 세 번 한 후, "아! 세존이시여!

이렇게 빨리 열반에 드셨나이까?"라며 흐느끼며 슬퍼했을 때, 부처님께서 관에서 두 발을 내밀어 보이셨답니다. 이것이 삼처전심입니다.

부처님께서 꽃을 들어 보이신 의도와 가섭 존자는 왜 미소를 지었는지를 아는 것이 선의 참구입니다. 조계종은 임제종 법맥을 이어받아 주로 간화선을 수행하고 있습니다. 송나라 때 대혜 스님이 처음 주창한 간화선은 화두를 참구하는 수행방법입니다. 이제 간화선에 대해 집중적으로 말씀드리겠습니다.

보조 스님에 따르면, 화두수행에는 전제구(全提句)와 파병구(破病句)가 있습니다. 예를 들어, 조주 선사의 '무(無)'자 화두의 경우 전제구는 "개에게 불성이 있습니까?"라는 질문에 "무!"라고 대답할 때, 바로 그 대답에 조금도 모자람이 없이 선사의 살림살이가 온전히 내보여지는 것입니다. 상근대기(上根大機)는 "무!"할 때 선사가 보이고자 하는 것을 바로 알아채 버립니다. 하지만 알아차리지 못하는 사람은 어쩔 수 없이 "부처님께서는 일체중생에게 다 불성이 있다고 하셨는데, 조주 선사는 어째서 개에게는 불성이 없다고 하는가?"하고 참구해야 합니다. 이렇게 참구하는 것이 파병구입니다.

파병구는 다겁 생에 걸쳐 익혀 내려온 분별망상과 무명업식의 병통을 소멸시키는 작업입니다. 이것은 단지 조주 선사의 '무'자 화두에만 해당되는 것이 아닙니다. 모든 화두수행에서 사량분별을 일소하는 작업입니다. 또 다른 예로, 조주 선사에게 한 스님이 묻습니다.

"달마 대사가 인도로부터 중국에 온 뜻은 무엇입니까?"

조주 스님이 답합니다.

"뜰 앞의 잣나무다."

이에 대해 질문한 스님은 "왜 뜰 앞의 잣나무라고 했을까?"하며 이 의심에 몰두하여 사량분별을 제거하는 것이 파병구입니다.

그런데 화두에 무엇이 있는 줄 알고 그 무엇을 찾으면, 화두는 사구(死句)가 되고 맙니다. 일본사람들이 하는 참선을 '사다리 선'이라고 합니다. 사다리에는 층계가 있습니다. 일본의 수행자들은 하나의 화두를 의리로 따져 수수께끼처럼 풀고, 이를 스승에게 인정받은 후, 또 다른 화두를 풀어나가는 방식으로 수행을 이어갑니다. 예를 들어, 일본 수행자들은 "뜰 앞의 잣나무" 화두를 이렇게 푼다고 합니다.

"잣나무 잎사귀를 세어보니 잎이 다섯 개이다. 그래서 달마 대사가 다음의 게송을 지으셨다."

吾本來玆土(오본래자토)

傳敎救迷情(전교구미정)

一花開五葉(일화개오엽)

結果自然成(결과자연성)

내가 본래 이 국토에 온 것은

법을 전해서 미혹한 중생들을 구제하기 위해서이다.

하나의 꽃에 다섯 잎사귀가 열렸으니

열매는 자연히 달릴 것이다.

달마 이후 중국에는 6조 혜능까지 다섯 명의 전등 조사가 있습니다. 일본 수행자들은 잣나무 잎사귀가 다섯 개라는 점을 근거로, 조주 선사가 "뜰 앞의 잣나무" 화두를 들어 이 점을 밝히고자 했다고 이해한다는 것입니다.

또 어느 스님이 운문 선사에게 "어떤 것이 부처입니까?"라고 질문하자, 운문 선사는 "마른 똥 막대기."라고 대답합니다. 이 말에 무슨 의미가 있는 줄 알고, '아하! 하물며 똥 막대기도 부처인데 부처 아닌 것이 어디 있겠느냐? 우주만유 모든 것이 다 부처로다.' 이렇게 아는 것은 사량분별입니다.

장자 『남화진경』에 보면, 누군가가 장자에게 묻습니다.

"도가 어디에 있습니까?"

장자가 답합니다.

"저 똥통에 있다."

'도가 저렇게 더러운 곳에도 있나고 하니 기왓깅이니 돌맹이에도 있겠구나.' 이렇게 아는 것도 사량분별입니다. 수행자는 말에 이끌려 말을 좇아가서는 안 됩니다.

그렇다면 어떻게 하는 것이 참답게 화두를 참구하는 것일까요? 부처를 묻는데 '왜 마른 똥 막대기라고 했을까?' 조사의 대의를 묻는데 '왜 뜰 앞의 잣나무라고 했을까?' 이렇게 운문 선사나 조주 선사의 본뜻을 참구해 나가는 것이 제대로 된 화두수행입니다. 화두 참구는 단순히 말의 의미를 따지는 것이 아니라는 점을 옛날 스님들은 양귀비의 이야기를 들어 자주 표현했습니다.

현종이 상처를 하고 마음이 심란해 있을 때, 한 대신이 그를 모시고 어느 별궁에 갔습니다. 그곳에서 현종은 양귀비를 보고 그녀의 미모에 반했으나 알고 보니 자기 며느리였습니다. 그러자 그 대신이 꾀를 내어, 양귀비를 현종의 아들과 이혼시켜 복안의 어느 도관으로 출가하도록 했습니다. 현종은 후에 그녀를 황궁으로 불러들여 귀비로 삼았다고 합니다. 그런데 양귀비가 어느 절에 갔다가 안록산을 만나 사랑에 빠지고 말았습니다. 현종이 있으니 터놓고 만나지 못하고, 암암리에 암호를 만들어 양귀비가 "소옥아!" 하고 시녀의 이름을 부르면, 그 소리가 안록산이 양귀비의 처소에 들어가도 된다는 신호였다고 합니다.

一段風光畫不成(일단풍광화불성)

洞房深處陳予情(동방심처진여정)

頻呼小玉元無事(빈호소옥원무사)

只要檀郎認得聲(지요단랑인득성)

하나의 풍광을 그림으로 나타낼 수 없어서,

골방 깊은 곳에서 시름에 잠겨있다.

자주 소옥아! 부르는 것은 별다른 일이 있어서가 아니다.

다만 낭군이 자기 목소리를 알아듣게 하기 위해서이다.

앞서 소개한 공안에서 '뜰 앞의 잣나무'와 같은 화두는 양귀비가 '소옥아!'하고 부르는 것과 같습니다. '소옥'이라는 말에 특별한 뜻이 있는 것이 아닙니다. 예를 들어, 군대에서 군인들이 수화할 때, 한쪽에서 다른 쪽에 암호로 "낙동강"이라고 말할 경우, 다른 쪽에서 이 암호를 듣고 낙동강을 찾으려고 하면 안 됩니다. 마찬가지로 "달마 대사가 서쪽에서 온 뜻이 무엇입니까?"라는 질문에 "뜰 앞의 잣나무"라고 했을 때, 잣나무를 살펴서는 안 됩니다. 중요한 것은 '왜 뜰 앞의 잣나무라 했을까?' '왜?' 이렇게 살피는 것입니다. 이런 식의 참구는 1700공안 모두에 해당됩니다.

참선에서는 발보리심(發菩提心)이 중요합니다. 화두를 들고 있다 보면, 잠깐 사이에 딴 생각을 하게 됩니다. 딴 생각이 드는 이유는 발심이 제대로 되지 않았기 때문입니다. 발심이 제대로 되지 않은 이유는 인생이 무상하다는 사실을 절실히 느끼지 못해서입니다. 지금 이 순간이 그대로인 것처럼 보이지만 중생은 생로병사에서 벗어날 수 없고, 심지어 우주도 성주괴공을 피할 수 없습니다. 모든 것은 결국 공으로 돌아갑니다. 참선은 목숨을 걸고 해야 한다는 마음가짐이 필요합니다. 대혜 선사에 따르면, 천 가지 의심과 만 가지 의심은 다만 한 가지 의심에 불과하니, 하나의 화두에 대한 의심이 깨어져 풀리면 천 가지 의심과 만 가지 의심도 한꺼번에 다 풀리게 됩니다.

세상에 있는 모든 것은 변합니다. 생명체는 생로병사하며, 물체는 생주이멸하고 우주는 성주괴공합니다. 유명한 방 거사가 마조 선사에게 묻습니다.

"만법과 더불어 짝을 짓지 않는 것이 무엇입니까."

만법은 시시각각으로 변하고 있습니다. 질문의 요지는 생멸하는 가운데 생멸하지 않는 것이 무엇인가 하는 것입니다. 생멸하는 육신에 생멸하지 않는 도리가 있습니다. 그것을 깨닫자는 것이 바로 선입니다. 방 거사의 질문에 마조 선사는 대답합니다.

"입으로 서강의 물을 다 마시고 오면 그때 내가 일러주겠다."

이에 방 거사는 꽉 막혀 버립니다. 제대로 된 간화수행은 화두를 들어 의심을 일으키는 순간 마음이 은산철벽처럼 되어야 합니다. 은으로 된 산, 철로 된 산을 어떻게 뚫고 나가겠습니까. 앞뒤가 뚝 끊어지고, 좌우가 탁 막혀버려야 합니다.

어느 날 소동파는 승호 선사라는 도가 높은 선지식이 있다는 소문을 듣고 찾아갔습니다. 승호 선사가 물었습니다.

"그대는 무엇을 하는가?"

소동파가 대답했습니다.

"저울질합니다."

그러자 승호 선사는 벽력처럼 고함을 칩니다.

"이것은 몇 근이나 되는가?"

소동파가 그 고함에 그만 꽉 막혀버립니다. 후에 상총 선사에게 가서 답을 구하니, 상총 선사는 "어찌 그대는 유정 설법만 듣고, 무정 설법은 들을 줄 모르는가?"라고 말했습니다. 소동파는 거듭 막힌 상태로 산에서 내려오던 중, 쏟아지는 폭포수 소리를 듣고 깨달았다고 합니다.

溪聲便是長廣舌(계성변시장광설)
山色豈非淸淨身(산색기비청정신)
시냇물 소리가 그대로 장광설이니
산 빛이 어찌 청정법신이 아니겠는가.

척 깨치는 것은 쉽게 이루어지지 않습니다. 화두를 들고 싶다고 해서 억지로 되는 것이 아닙니다. 화두참구가 잘 안 될 경우 어떻게 해야 할까요? 먼저 송(誦)을 합니다. 부처님께서는 꾸물거리는 벌레들도 불성이 있다고 했는데, '조주 스님은 어째서 없다고 했을까?'하며 화두를 계속해서 낭송하는 것입니다. 송을 반복하다 보면, 점차 익숙해집니다. 그러면 염불하듯이 화두를 염(念)합니다. '어째서 없다고 했을까?' '어째서 없다고 했을까?' 이렇게 거듭 되뇌이는 것입니다. 화두를 염하다 보면 천 가지, 만 가지 의심이 하나로 뭉쳐지고, 화두를 챙기는 것이 고요하거나 시끄러움에 관계없이 일념이 됩니다. 이것을 화두를 간(看)한다고 합니다. 화두를 간하면 무심의 경지에 이르게 됩니다. 하지만 조사어록에는 무심을 도라고 하지 말라고 합니다.
"무심도 오히려 한 꺼풀이 더 있다."

무심을 넘어야 크게 죽어서 다시 되살아나는 대사각활(大死却活)의 경지에 이릅니다. 이때에 어떤 경계를 만나더라도 한 생각조차 뚝 끊어져 본래 청정한 본연의 자리가 드러납니다. 이것을 견성이라고 합니다. 이 견성이 바로 화두를 참(參)하는 것입니다.

범부들은 한 생각마저 끊어지면 완전히 공적한 곳에 떨어지는 것이 아닐까 하고 두려워합니다. 하지만 실제로는 그 끊어진 곳에서 다시 생을 만납니다. 이러한 경지를 조사어록에서는 "산이 다하고 물이 다한 곳에 길이 없는가 의심했더니, 꽃은 붉고 버들은 푸르른 또 한 마을이 있더라."라고 표현합니다. 십우도에서도 공(空)만 드러내는 그림 다음에 나무가 우거지고 물이 흐르는 그림이 나옵니다.

참선을 제대로 하기 위해서는 먼저 확신이 있어야 합니다. 그러면 무엇을 확신해야 할까요? 생멸하는 몸에 생멸하지 않는 본성이 있다는 것을 확신해야 합니다. 이러한 확신을 굳건히 하기 위해서는 크게 분발심을 일으켜야 합니다.

지리산 칠불사에는 아자방(亞字房)이 있습니다. 대략 1100년 전, 신라 효공왕 때 담공 스님이 온돌방을 지었는데, 그 당시 이 방에 불을 때면 100일간 온기가 있었다고 합니다.

어느 겨울 결제에 한 동자승이 걸망을 짊어지고 찾아와 자기도 아자방에서 참선하겠다고 방부를 들여 달라고 했습니다. 조실 스님은 이렇게 말했습니다.

"아자방에는 세 가지 엄한 규칙이 있다. 하지만 너는 아직 어려 그것을 지키기 어렵다. 우선 너의 스승 밑에서『사미율의』와『42장경』을 배우고, 더 자란 뒤에 다시 오너라."

그러자 동자승이 대답했습니다.

"스님!『42장경』에 사람의 목숨이 한 호흡하는 사이에 있다고 했습니다. 언제 클 때까지 기다리고 있겠습니까? 그동안에 죽으면 어떻게 하겠습니까? 저는 이번에 꼭 아자방에서 공부해서 생사해탈하겠습니다."

조실 스님은 동자승이 기특해서 방부를 들여 주었습니다.

이에 아자방에서 공부하던 스님들은 "동자승도 저렇게 공부하려고 하는데 우리가 졸거나 망상을 부리면 되겠는가."라며 마음을 다잡고 한철 내내 용맹정진했습니다. 해제가 되자 동자승이 대중을 향해 세 번 절을 하며 "스님들 덕분에 한철 공부 잘했습니다."라고 말하고 불현듯 사라졌습니다. 그때서야 스님들은 문수보살이 동자의 몸으로 화현하여 자신들에게 분발심을 일으킨 것을 알았답니다.

대·소승 경전에서는 성불하기까지 오랜 시간이 걸린다고 하지만, 선에서는 즉시 성불한다고 합니다.『화엄경』에서 말하는 십신, 십주, 십행, 십회향, 십지, 등각, 묘각을 거쳐 깨달은 경지나 선에서 말하는 깨달은 경지는 똑같습니다.

일제 강점기 때 이야기입니다. 만공 스님의 제자인 성월 스님이 지리산 화엄사 뒤 수도암에서 조실로 있었습니다. 어느 동안거에 50이 넘어 보이는 대처승이 수도암에 와서 자기도 같이 정진하고 싶다고 말했습니다. 대중은 저런 노장이 들어오면 공부 분위기가 좋지 않게 된다고 방부를 거부하려 했습니다. 그런데 성월 스님은 "저렇게 늦게라도 공부하겠다는 생각을 내는 것은 참으로 거룩하다. 그러니 받아주자."고 말했습니다.

어느 날, 같이 안거하던 수좌들 중 혜암 스님이 조실 스님께 『선가귀감』에 있는 '가히 우습구나! 소 찾는 자여! 소를 타고서 다시 소를 찾는구나!'라는 구절의 뜻을 물었습니다. 성월 스님은 "찾고 있는 소는 그만두고, 타고 있는 소나 내어놔 봐라."라고 말했습니다. 정작 질문을 한 혜암 스님은 무슨 말인지 그 뜻을 모르고 멍해 있는데, 그 대처승이 "아이고, 제가 마누라 궁댕이를 떠나서는 도저히 어디 갈 수가 없습니다."라고 말했습니다. 이 말을 듣고 모여 있던 수좌들이 배꼽을 잡고 웃었습니다. 하지만 성월 스님이 무릎을 탁 치며, "네가 알았으면 내 방으로 들어오너라."라고 했습니다. 한참 있다가 성월 스님이 방에서 나오더니, "세상에 깨달아도 이렇게 분명하게 깨달은 사람은 처음 본다."라며 인가를 했습니다. 그 대처승은 법상에 올라가서 먼저 다음의 게송을 읊고, 자유자재로 법문을 펼쳤다고 합니다.

不高不低般若峰(불고부저반야봉)
無位眞人常高下(무위진인상고하)

높지도 낮지도 않는 반야봉에,

지위 없는 진인이 항상 올라갔다 내려갔다 한다.

일초직입여래지(一超直入如來地)하는 것이 화두공부입니다. 여기에는 출가니 재가니, 남성이니 여성이니, 신분이 높으니 낮으니 하는 구별이 없습니다. 한 생각 쓱 돌이켜서 깨달으면 누구라도 바로 부처입니다. 세존께서는 이러한 경지를 『원각경』에서 다음과 같이 설하십니다.

知幻則離(지환즉리)

不作方便(부작방편)

離幻卽覺(이환즉각)

亦無漸次(역무점차)

환인 줄 알면 바로 환을 여읜다.

방편은 지을 게 없다.

환을 여의는 것이 곧 깨침이라.

또한 점차가 없다.

화두공부를 하다 보면 종종 딴 생각이 일어납니다. 그때 "아, 내가 화두를 놓고 딴 생각을 하고 있구나!"하면 그것도 망상입니다. 화두를 놓쳤을 때 망상이 생깁니다. 이런 상황에서는 망념이 일어나는 것을 두려워하지 말고, 다시 화두를 잡으면 됩니다. 중요한

것은 화두를 놓치지 않고, 가나, 오나, 앉으나, 누우나, 심지어 잠
을 자거나 꿈속에서도 끊임없이 참구하는 것입니다.

화두의 문

화두 가운데 가장 널리 알려져 있는 것은 '무(無)'자 화두입니다.
이 화두가 있게 된 배경은 이렇습니다.

어느 스님이 조주 선사에게 물었습니다.

"개에게도 불성이 있습니까?"

조주 스님이 "무(無)."라고 답했습니다. 하지만 여기에는 문제가
있습니다. 불가에서는 '모든 중생에게 불성이 있다.'고 합니다. 심
지어 벌레에게도 불성이 있다고 합니다. 그런데 왜 개에게는 불성
이 없다고 한 것일까요? 이 의문에 대한 답은 잠시 미루어두고, 먼
저 화두가 무엇인지에 대해 말씀드리겠습니다.

'무'자 화두 이외에도 화두는 많습니다. 예를 들어, '뜰 앞의 잣나
무', '마른 똥 막대기', '평상심이 도다.' 등이 화두입니다. 또한 '부모
가 너를 낳기 전의 너는 무엇이었느냐?'와 같은 화두도 있습니다.

이러한 화두의 대부분은 부처님과 제자들, 또는 조사 스님들과 제자들 사이에서 나눈 문답의 핵심이 되는 말입니다. 반면에 문답 형식이 아닌, 조사 스님의 행위가 화두가 되는 경우도 많습니다. 예를 들어, 어느 날 임제 스님이 달마 대사의 탑에 참배하러 갔습니다. 그러나 탑 앞에 도달한 스님은 참배는 하지 않고 두리번거리기만 했습니다. 이것을 지켜본 한 스님이 말했습니다.

"스님, 무엇을 망설이고 있습니까? 누구의 탑인지 몰라서 그러십니까? 아니면 부처님께 먼저 참배하실 생각입니까?"

임제 스님이 대답했습니다.

"나는 부처님이든 달마 대사든 참배할 생각이 없습니다."

"부처님과 달마 대사에게 무슨 나쁜 감정이라도 있습니까?"

"흥."

임제 스님은 짧게 콧방귀를 뀌며 돌아서 가버렸습니다. 임제 스님의 이러한 행위도 화두입니다.

화두를 모아놓은 책을 공안집이라고 합니다. 대표적인 것으로는 『전등록』과 『무문관』, 『벽암록』, 고려의 혜심(慧諶) 스님이 엮은 『선문염송』이 있습니다.

화두의 수는 『전등록』 기준으로 약 1700개 정도로, 흔히 '1700 화두'라고 합니다. 하지만 화두에는 그 수의 제한이 없습니다. 보고 듣고 느끼는 모든 사물이 불법(佛法)을 품고 있는 화두입니다.

'화두가 무엇이냐?'는 문제에 대해 답을 찾다 보면, 자연스럽게 화두참구를 추구하는 간화선을 만나게 됩니다. 간화선은 '조사관(祖師關)'이라고도 합니다. '관(關)'은 중국 대륙에서 한 지역으로부터 다른 지역으로 가는 주요 관문을 일컫는 말입니다. 관문을 통과하지 않고서는 한 지역에서 다른 지역으로 갈 수 없듯이, 조사관을 통과하지 않고서는 깨달음을 얻을 수 없습니다.

향엄 지한(香嚴智閑)과 앙산 혜적(仰山慧寂)은 사형제입니다. 어느 날, 앙산 스님이 향엄 스님의 견처(見處)를 알아보기 위해 질문을 했습니다. 이때 향엄 스님은 후에 '향엄의 가난'으로 유명해진 게송을 읊습니다.

去年貧未足貧(거년빈미족빈)

今年貧如是貧(금년빈여시빈)

去年無卓錐之地(거년무탁추지지)

今年其錐也無也(금년기추야무야)

작년의 가난은 가난도 아니라,

올해 가난이 정말 가난이다.

작년에는 송곳 꽂을 땅이 없었시민

올해는 송곳도 없다.

이 게송을 들은 앙산 스님이 말했습니다.

"사제는 여래선(如來禪)은 이루었으나 조사선(祖師禪)은 이루지 못했구나."

몇 년 후, 앙산 스님이 다시 향엄 스님을 찾아가자 향엄 스님은
이렇게 게송을 읊습니다.

若問本來面目(약문본래면목)

我有一機(아유일기)

瞬目示伊(순목시이)

若人不會(약인불회)

別喚沙彌(별환사미)

본래 면목을 묻는다면

나에게 한 기틀이 있으니,

눈을 꿈벅해 보여주겠습니다.

만일 그래도 알아듣지 못하면,

달리 "사미야!"하고 부르겠습니다.

그 말을 들은 앙산 스님은 돌아가서 스승인 위산 선사에게 보
고했습니다.
"향엄이 깨쳤습니다."

진리는 말로 제대로 표현될 수 없습니다. 그래서 선사들은 제자
가 진리를 깨우치도록 하기 위해 고함을 지르거나 방망이를 휘두
르는 등의 기발한 방법을 사용하기도 합니다. 그러나 대부분의 화
두는 언어로 구성되어 있습니다. 말이 끊어진 자리를 말하려 하다

보니 난해한 상징과 은유, 시적인 표현을 동원할 수밖에 없습니다. 언어로 언어의 한계를 벗어나 보려는 이러한 눈물겨운 노력이 이 때문입니다. 사실, 선불교가 가장 크게 난감해하는 것도 언어의 한계에서 비롯됩니다.

화두의 핵심은 우주와 생명의 근본 문제에 대한 강한 의문입니다. 따라서 화두는 1700여 개로 제한되는 것이 아니라, 궁극적인 물음이 있을 경우 일상사의 모든 것이 화두가 될 수 있습니다. 도에 대한 간절한 생각이 있다면, 그것이 바로 선입니다. 억지로 화두를 들고 의문을 자아내봐야 소용이 없습니다. 내가 잃어버린 물건이 없는데 잃어버렸다고 억지로 생각하는 것과 같습니다. 물건을 실제로 잃어버렸을 때, 그것을 찾고자 하는 간절한 생각이 일어나듯이, 도에 대한 것도 마찬가지입니다. 이 간절한 생각을 발보리심(發菩提心)이라고 합니다. 보리는 '도(道)', '각(覺)', '지(智)' 등으로 번역됩니다. 문제는, 이 보리에 대한 간절한 마음이 쉽게 일어나지 않는다는 점입니다. 오직 절실히 인생무상을 느껴야만, 생사에 대한 고통을 뼈저리게 느껴야만, 보리심이 생깁니다.

조사어록에 나타난 조사들의 관심은 생사라는 큰일에 있습니다. "생부지생(生不知生) 사부지사(死不知死)"라는 말처럼 우리는 세상에 태어났지만 어디서 왔는지 모르고, 죽어서는 어디로 가는지 모릅니다. 이것보다 더 큰 고통은 없습니다. '그까짓 것이 무슨 대수냐. 나는 문제없다.'고 큰소리치는 사람도 있을 수 있습니다. 하지만 그런 사람은 아직 고통을 제대로 받지 않았고 느끼지 못했기 때문에 그렇게 말할 뿐입니다. 그렇다고 생사의 고통이 그를 비켜 가지 않습니다.

원효 스님이 무애암에서 수행하고 있을 때, 사복 성자가 불편한 몸을 이끌고 다가와서 말했습니다.

"서역 천축국에서 불경을 싣고 왔던 암소가 죽어가고 있습니다. 스님께서 자비를 베푸셔서 돌보아 주십시오."

알고 보니 전생에 원효 스님과 사복 성자, 그리고 성자의 어머니는 함께 서역으로 가서 불경을 싣고 온 일행이었습니다. 그 당시 짐을 싣고 왔던 암소가 사복 성자의 어머니로 재생했던 것이었습니다. 사복 성자를 따라 그의 집에 가보니 성자의 어머니가 이미 세상을 떠났습니다. 이를 보고 원효 스님이 읊었습니다.

"莫生兮여 其死也苦요 其生也苦로다."

원효 스님의 게송을 들은 사복 성자가 말했습니다.

"스님, 뭐 그렇게 길게 읊을 필요가 있습니까? 그냥 '생사고(生死苦)로다.'하면 충분할 텐데."

"그렇구나."

원효 스님은 성자의 말을 받아들이며 시인했습니다. 이후 원효 스님의 게송은 짧고 압축된 형태로 바뀌었다고 합니다.

그렇다면 생사의 고통에서 벗어나려면 어떻게 해야 할까요? 나지도 죽지도 않는 도리를 깨달아야 합니다. 불생불멸의 도리를 『열반경』에서는 불성(佛性), 『대승기신론』에서는 본각진심(本覺眞心), 『화엄경』에서는 청정법계(淸淨法界), 유교에서는 태극(太極), 도교에서는 천하모(天下母)라고 합니다. 이름이 무엇이든 불생불멸의 도리를 바로 깨달아야만 생사의 고통에서 벗어날 수 있습니다. 그 깨달음에 이르는 관문이 곧 화두입니다. 하지만 화두를 들고 있다고 해서 누구나 생사의 관문을 통과하는 것은 아닙니다. 더욱이 우연한 계기를 기대해서는 안 됩니다. 인생무상을 절실하게 느끼고, 물러날 수 없는 불퇴전의 큰 의심을 내어야만 비로소 발심이 되고, 발심을 통해서야 화두참선이 시작되는 것입니다.

화두참구는 마치 고양이가 쥐를 잡아 희롱하다가 쥐가 도망쳐 구멍으로 들어갈 때 그 구멍을 노려보듯이, 일념으로 집중하여 살펴 들어가는 것입니다. 화두 하나에만 몰두하다 보면 온갖 의심이 한가지로 뭉쳐서 드러나게 됩니다. 이렇게 해서 동정일여(動靜一如)를 지나 몽중일여(夢中一如), 오매일여(寤寐一如)의 경지에 도달하게 됩니다. 일반적으로 사람들은 꿈을 많이 꾸지만, 도인들은 꿈을 꾸지 않는다고 합니다. 공부가 깊어지면 꿈과 현실이 둘이 아닌 하나가 되기 때문입니다.

화두를 드는 것이 오매일여의 경지에 이르면, 무심의 경지가 펼쳐집니다. 그러나 조사어록에 보면 "무심을 도라 말하지 말라."고 경계하고 있습니다. 그 이유는 무심의 경지가 선수행의 최종목표가 아니기 때문입니다. 무심에도 아직 한 꺼풀이 남아있습니다.

대사(大死)의 경지, 즉 크게 죽은 경지에 이르고, 심기일전하여 본래 청정한 본연의 자리가 드러날 때 비로소 성불할 수 있습니다. 한 생각이 끊어진 바로 그 지점에서 다시 생을 맞이하는 것입니다. 조사어록에 다음의 게송이 있습니다.

> 山窮水盡疑無路(산궁수진의무로)
> 柳綠花紅又一村(유록화홍우일촌)
> 산과 물이 다하여 막다른 곳인 줄 알았으나,
> 버들은 푸르고 꽃은 붉은 또 하나의 마을이 있네.

십우도(十牛圖)에서는 궁극적으로 공(空)의 세계가 드러나지만 그 세계에 머물지 않고 한 걸음 더 나아가 중생을 제도하러 가는 보살의 길을 제시합니다. 화두참선의 최종목표는 깨달음에 있는 것이 아니라 깨달음에서 한 걸음 더 나아가 중생을 제도하는 것에 있습니다.

한 물건

산승은 지금까지 강원이나 대중 집회에서 불법(佛法)을 강론할 기회가 많았습니다. 그 강론은 크게 두 가지로 나눌 수 있습니다. 하나는 특정한 주제를 두고 법문을 하는 것이고, 다른 하나는 고덕의 훌륭한 저서를 택해 그 내용을 해설하는 것입니다. 고덕의 저서 중에서는 특히 보조 지눌과 서산 휴정의 저서를 자주 강론했습니다. 이 두 분은 오늘날 한국불교를 있게 한 장본인이십니다. 그분들의 저서를 읽다 보면, 그 사자후가 여전히 살아 있는 듯하고 그 뜻이 너무나 생생해서 마치 지금 단상에 올라 주장자를 내리치는 것 같은 느낌이 들 정도입니다. 그 두 분의 저서 중에 특히 많은 영감을 불러일으키는 것은 『선가귀감』입니다.

『선가귀감』은 서산 대사가 깨달음을 얻은 후 보림하는 여가에 쓴 글입니다. 창작물은 아니고 경전과 조사어록 50여 권에서 핵심을 추려 편집한 선의 지침서입니다. 조사어록에는 "부처님이 설하신 모든 법은 다 마음을 없애기 위한 것이다."고 말씀하고 있습니다.

我無一切心(아무일체심)
何用一切法(하용일체법)
나에게 아무런 마음이 없다면,
모든 법이 무슨 소용있겠는가?

부처님과 조사들의 설법은 모두 중생의 망상과 집착을 없애기 위한 것입니다. 만약 중생에게 망상과 집착이 없다면 굳이 가르침을 펼 필요가 없었을 것입니다. 서산 대사도 중생의 망상과 집착을 없애기 위해 『선가귀감』을 저술한 것입니다.

『선가귀감』에서 '선가'는 참선하는 수행자를 가리킵니다. 예전에는 거북의 등껍질에 불을 놓고, 그 껍질이 갈라지는 모양을 보고 점을 쳤습니다. '감'은 거울입니다. 따라서 '귀감'은 '거북의 등껍질을 거울삼는다.'는 뜻입니다. 합쳐서 '선가귀감'은 참선 수행자의 중요한 지침서를 의미합니다.

『선가귀감』은 서산 대사의 수제자인 사명 스님이 발문을 쓰고 발행하여 유포한 이래 한국선의 지침서로 자리잡았습니다. 다만, 한문으로 쓰여 있어 대중화에는 한계가 있었습니다. 여기서는 이 책의 전체 내용을 살펴보기보다는, 서산 대사가 전하고자했던 본의가 무엇인지를 파악해보도록 하겠습니다.

古之學佛者는 非佛之言이면 不言하고 非佛之行이면 不行也라. 故로
所寶者가 惟貝葉靈文而已이러니 今之學佛者는 傳而誦則士大夫之
句요 乞而持則士大夫之詩라. 至於紅綠으로 色其紙하고 美錦으로 粧
其軸하야 多多不足하고 以爲至寶하니 吁라. 何古今學佛者之不同寶
也여.

옛적의 불교를 배우는 이들은 부처님의 말씀이 아니면 말하지 않고,
부처님의 행이 아니면 행하지 않았다. 그러므로 보배로 여긴 것이 오
직 패엽(貝葉)의 신령한 글뿐이었다. 지금 불교를 배우는 자는 전수받
아 외우는 것이 사대부의 글이고, 구걸하여 지니는 것이 사대부의 시
다. 심지어는 울긋불긋하게 표지를 색칠하고, 아름다운 비단으로 책을
장식해서, 아무리 많아도 만족할 줄 모르고 지극한 보배로만 여기는 지
경에 이르렀다. 아, 슬프다! 어찌하여 예와 지금, 불교를 배우는 이들이
보배로 여기는 것이 같지 않은가?

余雖不肖나 有志於古之學하야 以貝葉靈文으로 爲寶也니라. 然이나
其文이 尙繁하고 藏海汪洋하야 後之同志者가 頗不免摘葉之勞故로
文中에 撮其要且切者數百語하야 書于一紙하고 名曰禪家龜鑑하니
可謂文簡而義周也라. 如以此語로 以爲嚴師하야 而研窮得妙則句句
에 活釋迦存焉이라. 勉乎哉인저. 雖然이나 離文字一句와 格外奇寶는
非不用也니 且將以待別機也하노라.

내 비록 불초하나, 옛 가르침에 뜻을 두어 패엽의 신령스러운 글을 보배로 삼는다. 하지만 그 글이 너무나 번쇄하고, 갈무리함이 바다처럼 깊고 넓어서, 후대에 뜻을 같이 하는 이들이 자못 잎만을 따는 수고로움을 면치 못할 것이다. 그러므로 글 중에서 요긴하고 간절한 것만을 모아 수백 마디로 추려 한 종이에 쓰고 『선가귀감』이라고 하니, 글은 비록 간명해도 뜻은 두루 미친다고 말할 수 있다. 만일 이 말씀을 엄한 스승으로 삼고 궁구해서 미묘한 이치를 얻는다면, 구절구절에 산 석가 부처님이 있을 것이다. 정진할 지어다! 비록 그러하나, 문자를 여읜 일구와 격외의 기묘한 보배는 쓸모없지 않으니 장차 다른 기회를 기다리노라.

서산 대사의 서문은 마치 세종대왕의 훈민정음의 서문을 연상케 합니다. 마치 세종대왕이 말은 다른데 글은 중국의 것을 빌려 쓰고 있으니 이런 질곡을 타파하기 위해 28자를 새로 만들었듯이, 서산 대사는 "요즘 스님들이 걸핏하면 사대부의 문장을 소중히 여겨 액자에 담아 간직하는데 불교 공부하는 사람들이 그래서는 안 된다."는 절절한 심정으로 『선가귀감』을 저술하고 있습니다.

『선가귀감』의 본문은 네 개의 큰 영역으로 나뉩니다. 첫째는 선의 도리에 대한 〈원리론〉이고, 둘째는 부처님과 조사 스님들의 공덕을 논한 〈불조론〉, 셋째는 선과 교가 둘이 아님을 강조하면서도 사교입선(捨敎入禪)을 주장한 〈선교론〉, 마지막은 당시 유행하던 관법을 지양하고 간화선을 통해 본래면목을 깨달아 견성오도하도록 이끄는 〈방법론〉입니다. 서산 대사는 〈원리론〉의 첫 머리를 '한 물건'으로 시작합니다.

有一物於此하니 從本以來昭昭靈靈하야 不曾生不曾滅이며 名不得 狀不得이로다.
여기에 한 물건이 있으니 본래 한없이 밝고 신령스러워, 일찍이 난 적도 없고 일찍이 멸한 적도 없다. 그것은 이름붙일 수도 없고 모양그릴 수도 없다.

여기서 말하는 '한 물건'은 무엇일까요? 서산 대사는 『선가귀감』의 자주(自註)에서 이렇게 소개합니다.

一物者는 何物고. 古人이 頌云
古佛未生前에
凝然一相圓이라.
釋迦도 猶未會어니
迦葉이 豈能傳가.
한 물건이란 무엇인가? 옛사람이 송하기를,
옛 부처가 나기 전에
이미 뚜렷이 밝았도다.
석가도 알지 못했는데
어찌 가섭이 전해 받을 수 있겠는가?

'한 물건'은 부처나 조사가 세상에 나오기 이전의 소식입니다. 혜능 선사가 대중에게 말했습니다.

"나에게 '한 물건'이 있는데 이름도 없고 글자도 없다. 너희들은 알겠는가?"

신회가 앞으로 나와 말했습니다.

"그것은 모든 부처님의 근본이며, 신회의 불성입니다."

이에 6조는 꾸짖습니다.

"내가 이미 이름도 없고 글자도 없다고 했거늘, 어찌 그대는 그것을 근본이라든지 불성이라고 이름을 붙이는가?"

남악 회양이 혜능 선사에게 문안하니 선사가 물었습니다.

"무슨 물건이 왔는가?"

회양 스님은 꽉 막혀 그 질문에 답할 수가 없었습니다. 그는 원래 수행하던 절로 돌아가 8년 동안 은산철벽같은 의문을 품고 궁구한 끝에 비로소 깨달음을 얻습니다. 다시 혜능 선사를 찾아가 다음과 같이 답합니다.

"설사 '한 물건'이라 해도 맞지 않습니다."

이리하여 회양은 6조의 적자(嫡子)가 되었습니다.

위산 영우 선사가 문하의 향엄 지한 스님이 상근기임을 알아보고 그에게 분발심을 일으키고자 했습니다.

"그대가 눈으로 보고 귀로 들은 것 말고, 부모가 그대를 낳기 전의 본분자리를 일러 보아라."

향엄 스님은 경전과 조사어록을 보고 궁구하여 그럴 듯한 대답을 했지만, 그때마다 위산 선사는 틀렸다고 고개를 저었습니다. 그러자 향엄 스님이 답을 청했습니다.

"그럼, 스님께서 일러주시지요."

위산 선사가 말했습니다.

"내가 일러주면 그건 나의 답일 뿐이지 그대의 답은 아니다."

향엄 스님은 위산 선사의 문하를 떠나 남악 혜충 선사의 유적지에서 일심으로 수행하던 중, 어느 날 발밑에 있는 돌을 집어 대나무를 향해 던졌습니다. 돌이 대나무에 부딪히며 딱 소리를 내는 순간, 향엄 스님은 '부증생부증멸(不增生不增滅)'의 본분사를 깨닫습니다. 향엄 스님이 깨달았다는 소문을 듣고 위산 선사는 제자 앙산 스님을 보냅니다.

"네가 가서 향엄이 정말 깨달았는지 점검해 보아라."

앙산 스님이 향엄 스님에게 가서 묻습니다.

"요즘 어떠한가?"

향엄 스님은 게송으로 답합니다.

작년의 가난은 가난도 아니나.
올해 가난이 정말 가난이다.
작년에는 송곳 꽂을 땅이 없었지만,
올해는 송곳도 없다.

앙산은 돌아와 말합니다.

"사제는 여래선에는 이르렀으나 조사선은 꿈도 꾸지 못하고 있습니다."

선가에서 유명한 여래선과 조사선의 구분이 여기서 비롯됩니다.

몇 년 후, 앙산 스님이 다시 향엄 스님을 찾아가, "요즘은 어떠한가?"하고 다시 묻습니다. 그러자 향엄 스님이 대답합니다.

본래 면목을 묻는다면
나에게 한 기틀이 있으니,
눈을 꿈벅해 보여주겠습니다.
그래도 알아듣지 못하면
달리 "사미야!"하고 부르겠습니다.

앙산 스님이 기뻐하며 돌아와 말합니다.
"사제가 드디어 조사선을 깨쳤습니다."

본래 면목을 알아 깨달으면, 두두물물, 세상 모든 것이 다 실상을 드러내 보이는 불법(佛法)이 되지만, 깨닫지 못하면 삼처전심도 한갓 옛이야기에 지나지 않습니다. '한 물건'이 무엇인가? 이 질문은 향엄 스님의 사례에서 보듯이, 누구나 스스로 대답을 찾아야만 하는 화두입니다. 『선가귀감』은 고등학생들이 시험 공부할 때 푸는 문제집이 아닙니다. '한 물건'이 무엇인가에 대한 답을 보여주는 답안지가 없기 때문입니다. 화두는 수행자 스스로 조사선의 험준

한 관문 앞에 서도록 이끄는 수단입니다.

『선가귀감』의 마지막 구절을 첫 구절인 "여기 '한 물건'이 있으니 ……"에 대입해 보면, 이 책의 대의가 더욱 분명해집니다.

神光이 不昧하여 萬古徽猷로다. 入此門來에 莫存知解하라.

거룩한 빛 어둡지 않아 만고에 빛난다. 이 문에 들어오려면 알음알이를 내지 마라.

이 마지막 구절은 첫 구절인 "여기 '한 물건'이 있으니 ……"를 맺어 주고 있습니다. '거룩한 빛'은 첫 구절의 '밝고 신령하다.'는 표현을 이어주는 말이고, '만고에 빛난다.'는 '본래부터 나지도 죽지도 않는다.'와 동의어입니다. 마지막으로 '알음알이를 내지 마라.'는 '이름도 모양도 없다.'를 완성하는 말입니다. 오늘날 영화감독들이 첫 장면과 마지막 장면에서 한 작품의 주제를 녹여내듯이, 서산 대사는 이 책의 첫 구절과 마지막 구절을 같은 맥락으로 서술함으로써 알음알이를 끊어버리는 선문을 열고 있습니다.

어느 절의 일수문 현판에 "너의 알음알이를 모두 놓아버려라."라고 적혀 있는 것을 본 적이 있습니다. 이것은 견성오도하는 데 알음알이가 가장 큰 장애물임을 일깨워주는 문구입니다.

불교는 깨달음의 종교입니다. 부처라는 말 자체가 깨달은 분이라는 의미입니다. 그렇다면 무엇을 깨닫느냐? 깨달음의 대상인 생명의 근원이자 우주만상의 근본을 서산 대사는 '한 물건'이라고 표현한 것입니다. 『선가귀감』에서 '한 물건'이라 하였지만, 그 명칭은 불전마다 다릅니다. 『능엄경』에서는 '묘법진심', 『기신론』에서는 '진여', 『원각경』에서는 '원각', 『법화경』에서는 '실상', 『열반경』에서는 '불성', 『화엄경』에서는 '법계'라고 합니다. 또한 유교에서는 '태극', 혹은 '무극'이라 하고, 도교에서는 '도'라고 합니다. 노자는 『도덕경』 첫머리에서 "도를 도라 하면 도가 아니요, 이름을 이름이라 하면 이름이 아니다."라고 하여, 생명의 근원이자 우주의 근본이 선가에서처럼 언어도단임을 보여주고 있습니다.

그렇다면 서산 대사는 왜 '한 물건'이라 했을까요? '법계', '진여', '불성', '도'와 같은 용어들은 교학에서 핵심을 이루는 개념이기 때문에, 그 말들 자체에 분별심을 일으킬 여지가 있기 때문입니다. 분별심을 없애기 위해 교의 자취를 쓸어버리고, 가능하면 사량분별이 붙지 않는 말을 고르다 보니 '한 물건'이라고 표현한 것입니다. 그러므로 '한 물건'이라는 말 자체에 의미를 따져 집착을 내면, 이것은 실상을 아는 것에서 멀어지게 되어 서산 대사가 의도한 취지에 어긋나게 되고 말 것입니다. 남악 선사가 "설사 한 물건이라 해도 맞지 않습니다."라고 하여 '한 물건'마저 부정한 것은 이러한 연유에서 입니다. 이름 붙일 수 없는 자리를 드러내기 위해 '한 물건'이라 표현한 것뿐입니다.

사량분별을 벗어나 있는 '한 물건'은 대체 무엇일까요? 그 답을 양 무제와 달마 대사의 문답에서 찾을 수 있습니다.

양 무제가 묻습니다.

“짐과 이야기하고 있는 그대는 누구입니까?”

달마 대사가 대답합니다.

“모릅니다.”

석가도 몰랐고 달마도 몰랐던 그것, ‘모른다.’라는 것은 ‘언어로 표현할 수 없다.’라는 말과 같습니다. 그것이 바로 ‘한 물건’입니다. ‘한 물건’이라 하여 물질이라고 생각해서는 안 됩니다. 우주만유에 ‘한 물건’이 아닌 것은 없기 때문입니다.

“그렇다면 그것은 무엇인가?”

금생에 반드시 알아내고야 말겠다는 사생결단의 각오로 그 문제를 붙들고 놓지 말 것을 서산 대사는 『선가귀감』의 도처에서 강조하고 있습니다. 이 질문이 한문으로 ‘시심마(是心麼)’이며, 경상도 방언으로 “이 뭣고?”입니다. 이 질문은 다른 사람이 그 대답을 알려줄 수 없습니다. 스스로 참구하여 그 대답을 찾아야만 합니다. 위산 선사가 향엄 스님에게 말합니다.

“그대가 듣고 보고 읽은 것 말고 네 자신이 아는 것만 가지고 일러 보라.”

법어(法語)

다시, 차안(此岸)으로

사람은 생로병사하며, 자연은 생주이멸하고, 심지어 우주도 성주괴공합니다.
이 세상에 존재하는 모든 것은 변합니다. 사람은 만나면 언젠가는 헤어지기
마련이고, 태어나면 언젠가는 죽게 됩니다. 그렇다면 영원한 것은 무엇일까요?
변하는 삶 가운데 생멸하지 않는 도리가 있습니다. 수행자는 바로 그 도리를
추구하는 사람입니다.

통광 스님, 문 밖을 바라보고 좌선하시는 사진

부처와 중생

自性淸淨不生滅(자성청정불생멸)

一切具足本圓成(일체구족본원성)

識心見性修佛行(식심견성수불행)

娑婆便是極樂國(사바변시극락국)

자성은 청정하여 생멸하지 않고

일체가 구족하여 본래 원만히 이루어져 있다.

마음을 알고 그 본성을 깨달아 부처의 행을 닦으면

사바세계가 그대로 극락세계이다.

음력 칠월 십오일은 우란분재일입니다. '우란분'은 한자로 번역하면 도현(倒懸)입니다. 국어로 풀면 '거꾸로 매달려 있는 것과 같은 고통을 받는다.'는 뜻입니다. 구도현(救倒懸)이나 해도현(解倒懸)

이라고도 하는데, 고통받는 중생들을 제도하는 것에 의미를 두고 있습니다. '재'는 재식(齋式)의 줄임말입니다. 우란분재일 혹은 우란분절은 현존부모의 수복(壽福)을 늘리고, 7대 선망부모부터 가까운 선망부모들을 천도하는 날입니다.

『불설목련경』이나 『우란분경』을 보면, 우란분재일의 유래는 목련 존자와 깊은 연관이 있습니다. 목련 존자의 속명은 나복(羅卜)으로, 아주 부유한 집안 출신이었다고 전해집니다. 어느 날, 아버지가 돌아가시자 재산을 3등분으로 나누어 한 등분은 어머니 생활비로 하고, 또 한 등분은 장사밑천으로 하고, 나머지 한 등분은 절에 시주하기로 했습니다. 나복은 자기 어머니에게 2등분을 맡기고 한 등분을 가지고 외국으로 장사하러 갔습니다. 그동안 그의 어머니는 외도를 믿어 많은 악행을 저질렀습니다. 어머니가 돌아가시자, 나복은 출가하여 목련 존자가 되어 열심히 정진했습니다.

목련 존자는 육신통이 생기자, 부모님이 어디 계시는가 하고 선정에 들어서 살펴보았습니다. 그의 어머니는 지옥에 빠져 고통을 받고 있었습니다. 어머니를 어떻게 구제할 수 있을까 고민하던 목련 존자는 자신의 힘만으로는 해결할 수 없어서 부처님에게 말씀드렸습니다. 부처님께서 "너의 어머니를 구제하려면 네 힘만으로는 안 되고, 칠월 백중일에 재를 올려야 한다."고 말씀하셨습니다. 그래서 목련 존자는 그대로 실천하여 어머니를 구제했다고 합니다. 이와 같은 유래로 오늘날에도 백중일에 선망부모의 위패를 모시고 법회를 열어 천도재를 지내고 있습니다.

　천도는 부처님의 가피력과 스님들의 법력, 재를 모시는 가족들의 정성이 모여야 이루어질 수 있습니다. 천도하는 동안 불보살님의 말씀을 영가에게 들려주어 영가가 감응하게 하는 것입니다. 『무문관』에서는 도를 이루지 못한 범부를 '의초부목지정령(依草附木之精靈)'이라고 부릅니다. 범부는 나무나 풀에 붙어 있는 정령과 다를 바 없다는 뜻입니다. 사람은 육체에 의지하여 살아갑니다. 임제 선사는 육체를 '그림자'라고 표현하고, "육체를 조종하고 있는 것은 모든 부처님의 근원이다. 보고, 듣고, 아는 그 자체가 바로 그대들이 돌아가야 하는 곳이다."고 말합니다. 여기서 '돌아가야 하는 곳'은 중생의 근본 자리입니다.

　수행은 본래의 자리로 돌아가고자 하는 것입니다. 임제 선사는 말합니다.

　"사대(四大)로 이루어진 색신은 법을 설할 수 없고, 법을 들을 수 없으며, 간장, 비장, 쓸개 등 오장도 법을 설하거나 법을 들을 수 없다. 또한 저 허공도 법을 설하거나 법을 들을 수 없다. 그렇다면 무엇이 이렇게 법을 설하고 법을 들을 수 있을까? 그대들 눈앞에 분명히 존재하면서도 아무 형체가 없지만, 아주 또렷하고 밝은 그 자체가 이렇게 이야기를 하고 법을 설하고 법을 듣는다. 만약 이 도리를 깨달으면, 문득 조사와 부처와 다를 바가 없다."

　임제 선사에 따르면, 분별망상에 붙들려 살면 중생이고, 망상집착을 여의면 바로 부처입니다. 이와 같은 가르침은 『화엄경』에도 나옵니다.

기특하고 기특하구나!

널리 모든 중생들을 낱낱이 살펴보니

부처님과 똑같이 지혜공덕과 신통묘용을 다 갖추고 있건만

망상집착으로 인해서 알지도 못하고 보지도 못하구나.

문제는 어떻게 망상집착을 없애느냐는 것입니다. 망상집착으로 인해 업을 짓고, 업을 짓기 때문에 생사의 고를 받습니다. 망상집착으로 인해 윤회하므로 이것만 없애면 생사의 고해에서 벗어날 수 있습니다.

업을 지으면 과보를 받습니다. 과보는 세 가지로 나눌 수 있습니다. 먼저 생을 따른다는 의미의 순생보(順生報)가 있습니다. 전생에 지은 업의 과보는 금생에 받게 되고, 금생에 지은 업의 과보는 내생에 받게 됩니다. 자기 자신을 가만히 살펴보면, 나름대로 좋은 일을 하고 부처님의 가르침에 어긋나지 않게 살고 있다고 생각할 수 있습니다. 그럼에도 불구하고 살다보면 뜻하지 않게 좋지 않은 불상사가 생깁니다. 이런 상황에서 부처님께서 말씀하신 인과가 틀린 것이 아닌가 하는 의심이 들 수 있습니다. 그러나 이것은 순생보에 대한 이해가 부족하기 때문입니다. 현재 내가 겪고 있는 일들은 전생에 지은 업의 과보입니다. 전생에 악업을 지었기 때문에 금생에 좋지 못한 일이 생기는 겁니다. 반면, 금생에 떳떳하게 잘 살지 않음에도 불구하고 일이 잘 풀리는 경우가 있습니다. 전생에 선업을 지었기 때문입니다. 하지만 이 경우, 지금 짓고

있는 악업의 과보는 내생에 가서 받게 될 것입니다. 전생에 무엇을 했느냐는 금생에 받고 있는 과보를 보면 알 수 있고, 내생에 무슨 과보를 받게 될 것인가는 지금 짓고 있는 업을 보면 알 수 있습니다. 이와 같은 인과응보를 순생보라 합니다.

반면에 금생에 지은 업을 금생에 받는 순현보(順現報)가 있습니다. 이것은 극선(極善)이나 극악(極惡)의 경우입니다. 아주 나쁜 짓을 하거나 매우 좋은 일을 할 때, 금생에 그 과보를 받게 됩니다. 또한, 금생에 지은 업의 과보를 몇 생 건너뛰어서 받는 순후보(順後報)가 있습니다. 한번 지은 업은 설령 백천 겁이 지나더라도 그 종자가 남게 되지만, 인연이 맞지 않으면 그 과보가 나타나지 않습니다. 이런 인과 이야기는 불교에서는 가장 하등한 인천인과교(人天因果敎)의 법문에 속하는 것이지만, 그럼에도 불구하고 인과를 부정하면 대도는 성취될 수 없습니다.

불교가 숙명론에 떨어지지 않는 이유는 순생보나 순후보가 아니라 순현보, 즉 금생에 지은 업의 과보를 금생에 받는다는 것을 수긍하기 때문입니다. 그래서 불교에서는 순현보를 매우 중요하게 여깁니다. 범부가 성인이 될 수 있는 것도 그 핵심이 순현보에 있습니다. 비록 전생에 수없이 많은 악업을 지었더라도, 수행정진하여 한 생각 돌이키면, 지금 이 자리에서 모든 과보에 얽매이지 않는 대자재인(大自在人)이 될 수 있습니다.

업을 짓기 때문에 낙과(樂果)나 고과(苦果)를 받습니다. 그렇다면 왜 업을 짓게 되는 걸까요? 업을 짓게 되는 것은 진리를 알지 못하는 미혹 때문입니다. 달리 번뇌라고도 불리는 미혹은 세상만사를 여실히 보지 못하는 데서 비롯됩니다. 예를 들어, 농부가 농사일을 마치고 땅거미가 들 때 집으로 돌아오던 중, 길 위에 있는 새끼줄을 뱀으로 잘못 보게 되면, 그것으로 인해 깜짝 놀라서 뒷걸음치다가 넘어져 다칠 수도 있습니다. 이러한 상황을 혹업보(惑業報)라 합니다. 즉, 미혹하여 업의 과보를 받게 되는 것입니다.

미혹은 업식(業識)으로 인해 생겨납니다. 그럼 업식은 왜 생기게 될까요? 그것은 본각진성(本覺眞性), 즉 본래 깨친 참 마음자리를 여실히 알지 못해서 생겨납니다.『임제록』에서는 그림자를 조종하는 사람, 육체를 조종하는 사람, 이렇게 이야기하고 이야기 듣는 사람 그 자체를 여실히 알지 못함으로 인해서 생겨난다고 합니다.

중생은 자신의 진여본성을 여실히 알지 못해 업식이 생기고, 업식으로 인해서 미혹이 생기고, 미혹으로 인해서 업을 짓고, 업을 짓기 때문에 생사의 고를 받게 됩니다. 따라서 생사의 고를 벗어나기 위해서는 나지도 없어지지도 않는 진여본성을 여실히 깨달아야 합니다. 이것을『증도가』에서는 다음과 같이 표현합니다.

了卽業障本來空(요즉업장본래공)

未了還須償宿債(미료환수상숙채)

깨치고 나면 업장이 본래 공하고,

깨치지 못하면 반드시 묵은 빚을 갚아야 한다.

　여기서 묵은 빚을 갚는다는 것은 생사윤회하면서, 예를 들면 남한테 신세를 많이 졌거나 남의 것을 도둑질했을 경우, 그 사람 집에 소나 말로 태어나 그 빚을 갚는 것입니다. 이러한 업장에서 벗어나려면 그것이 본래 공하다는 것을 사무치게 깨달아야 합니다.

　구마라집 삼장의 제자 승조(僧肇) 법사는 국왕의 미움을 받아 죽임을 당하게 되었습니다. 그때 법사는 사형장에서 다음과 같은 임종게를 남깁니다.

　　四大元無主(사대원무주)

　　五蘊本來空(오온본래공)

　　將頭臨白刃(장두임백인)

　　猶似斬春風(유사참춘풍)

　　사대가 본래 주인이 없고,

　　오온은 그 본성이 공하다.

　　서슬이 시퍼런 칼날을 머리에 갖다 대니,

　　마치 봄바람을 베는 것 같다.

　봄바람이 어디 베어집니까? 세상이 무너져도 진리는 파괴되지 않습니다. 생사는 본래 공하나 그 본성인 공성은 영원합니다. 이 이치를 깨닫게 되면, 죽어도 죽는 것이 아니며 살아도 사는 것이 아닙니다. 이럴 경우에 참으로 자기 자신을 제도할 수 있습니다.

一從違背本心王(일종위배본심왕)

幾入三途歷四生(기입삼도력사생)

今日滌除煩惱染(금일척제번뇌염)

隨緣依舊自還鄉(수연의구자환향)

한번 본래 마음자리를 등짐으로 인해서

몇 번이나 삼악도에 들어갔으며 네 가지 태어남을 겪었던고.

오늘 번뇌의 오염을 싹 씻어버리니

인연 따라서 자기의 본래 고향으로 돌아간다.

백장 스님의 법문 중에도 이런 말씀이 있습니다.

靈光獨耀(영광독요)

逈脫根塵(형탈근진)

體露眞常(체로진상)

不拘諸緣(불구제연)

本自圓成(본자원성)

但離妄緣(단리망연)

則如如佛(즉여여불)

신령스러운 광명이 홀로 빛나고

육진과 육근에서 멀리 벗어나 있도다.

자체로 드러나 참되고 영원해서

모든 인연에 구애되지 않는다.

본래 스스로 원만히 다 이루어져 있으니

다만 허망한 생각만 버리면

그대로 여여한 부처다.

한 생각 미혹하면 육도 세계가 벌어지고, 한 생각 깨치면 육도 윤회가 소멸합니다. 미혹을 벗어나면, 여여한 이대로가, 즉 지금 이렇게 이야기하고 이야기 듣는 이 자체가 진리를 드러내며, 부모가 낳아준 육신 이대로가 청정한 법신입니다. 부처의 행을 닦으면 사바세계가 곧 부처의 세계입니다. 스스로가 부처라고 확신하고 보시, 지계, 인욕, 정진, 선정, 지혜의 육바라밀을 닦으면, 자기 자신이 바로 부처입니다.

계율은 다른 것이 아니라 부처의 행을 실천하는 것입니다. 예를 들어, 살생을 아니할 뿐만 아니라 방생을 하는 것이 부처의 행이며, 도둑질하지 아니할 뿐만 아니라 보시하는 것이 부처의 행입니다. 『금강경』에 어떠한 상에도 머물지 않고 베푸는 것을 의미하는 '무주상보시(無住相布施)'라는 말이 있습니다. 무주상보시는 참 마음자리를 깨닫지 못하면 실천할 수 없습니다. 야보 스님은 무주상보시를 찬탄하며 이렇게 게송을 읊습니다.

欲知端的意(욕지단적의)

北斗面南看(북두면남간)

분명한 이치를 알고자 한다면

북두칠성을 남쪽 방향으로 봐라.

　마음의 본래 자리를 깨달아 시공을 넘나들 수 있어야 무주상보시를 할 수가 있습니다. 부처님께서는 나고 죽는 것이 꿈에 불과하다고 하셨습니다. 꿈속의 보물이 아까워 인색할 사람은 없을 것입니다. 꿈에서 깨어나면 꿈속의 금은보화는 다 헛것임을 알게 됩니다. 마찬가지로 부처님의 눈으로 보면 중생의 생사도 꿈에 지나지 않습니다. 아무리 중요한 것이라 하더라도, 인생이라는 삶의 꿈에서 깨어나면 아무것도 아닙니다.
　영가 스님의 『증도가』에는 이런 구절이 있습니다.

　夢裏明明有六趣(몽리명명유육취)
　覺後空空無大千(각후공공무대천)
　꿈속에서는 분명히 육도 세계가 있더니만,
　깨고 나니까 텅텅 비어서 삼천대천세계도 없더라.

　바로 내가 부처이고 나의 행이 곧 부처의 행일 때, 누누불불 그대로가 비로자나불이고 사바세계 이대로가 화장세계입니다.

불어(佛語)와 불행(佛行)

自性淸淨不生滅(자성청정불생멸)

一切具足本圓成(일체구족본원성)

識心見性修佛行(식심견성수불행)

娑婆便是極樂國(사바변시극락국)

자성은 청정해서 생멸하지 아니하고

모든 것을 갖추고 있어 본래 온전히 이루어져 있다.

마음을 알고 자성을 보아 부처의 행을 닦으면

사바세계가 그대로 극락세계이다.

알기도 어렵지만 아는 것을 실천하는 것은 더욱 어렵습니다. 여기 오신 불자님들은 잘 아시겠지만, 부처님이 49년 동안 설하신 말씀을 팔만대장경이라 합니다. 그러나 그 내용을 간추려 보면 모두 다 자성에 대한 이야기입니다. 중생 자신의 근본자리, 이렇게 이야기하고 이야기 듣는 이 자체에 대한 것입니다. 이 자리는 바로 우리 생명의 근원이자 우주의 근본입니다. 뿐만 아니라 삼세제불과 역대조사의 말씀들을 보더라도 그 내용이 모두 비슷합니다. 그럼에도 불구하고 그 근본자리를 깨달아 알기는 참으로 어렵습니다.

당대 유명한 시인인 백낙천이 어느 고을의 원이 되어 부임하던 중 인근 진망산에 도림 선사가 머문다는 이야기를 듣고 찾아갔습니다. 도림 선사가 나무 위에 앉아 있는 것을 보고 깜짝 놀라서 말했습니다.

"스님, 이렇게 높은 곳에 앉아 계시다니 너무 위험하지 않습니까?"

도림 선사가 아래를 내려다보며 담담히 말했습니다.

"오히려 태수께서 위험해 보입니다."

백낙천은 자신은 평지에 있으니 위험할 이유가 없다고 생각하며 말했습니다.

"저는 평지에 있는데, 무엇이 위험하겠습니까?"

그러자 선사가 깊은 의미를 담아 말했습니다.

"장작이 불과 만나면 불길이 타오르듯, 마음에 무명업식이 분연히 일어나고 있으니 어찌 위험하지 않겠습니까?"

인생은 생로병사의 불길이 사면에서 타들어오고 있는 과정입니다. 어찌 안전하다 말할 수 있겠습니까? 백낙천은 선사의 말에 깊이 공감하며 물었습니다.

"스님, 어떤 것이 불법(佛法)의 적적대의(的的大義)입니까?"

도림 선사는 조용히 다음의 게송을 읊었습니다.

諸惡莫作(제악막작)

衆善奉行(중선봉행)

自淨其意(자정기의)

是諸佛敎(시제불교)

어떠한 악행도 하지 말고,

온갖 선행을 받들어 행하라.

자기의 마음을 청정하게 하는 것이

모든 부처님의 가르침이다.

이 게송을 들은 백낙천은 즉시 "스님, 그 말씀은 세 살 어린이도 할 수 있을 것 같습니다."고 말하니, 도림 선사가 "세 살 어린이도 그 말을 할 수 있을지 모르지만, 백 살 노인도 그렇게 행하기는 어려울 것입니다."라고 말했습니다. 불법이 무엇인가? 그것은 바로 자기 자신의 본모습을 깨닫는 것입니다. 그 자리가 바로 우리 생명의 근원이자 우주의 근본입니다. 그렇다면 그것을 어떻게 깨닫느냐? 불자라면 누구라도 그 방법은 들어 알고 있을 것입니다만, 실제로 그것을 실천하는 것은 진실로 어렵습니다.

부처님께서 49년 동안 설하신 팔만대장경의 내용을 간추린다면, 5분 남짓한 시간에 모두 이야기할 수 있을 정도로 간단합니다. 왜 그런가 하면, 부처님께서 『아함경』 『방등경』 『반야경』 『법화경』 『화엄경』과 같은 경전을 설하셨는데, 천태에서는 이를 오시교(五時教)라고 합니다. 그런데 자세히 들여다보면 그 내용은 있는 것에 대한 가르침인 유교(有敎), 없는 것에 대한 가르침인 무교(無敎), 있지도 않고 없지도 않은 것에 대한 가르침인 비유비무교(非有非無敎), 곧 있기도 하고 곧 없기도 한 것에 대한 가르침인 역유역무교(亦有亦無敎), 이 네 가지 도리를 벗어나지 않습니다.

먼저, 유교에 인연교(因緣敎)가 있습니다. '선인락과(善因樂果), 악인고과(惡因苦果)' 즉, 선한 일을 하면 즐거운 과보가 있고, 악한 일을 하면 괴로운 과보가 있다는 가르침입니다. 물론 부처님의 가르침을 깊이 알지 못하면 때때로 인과에 대한 의문이 들 수 있습니다. 예를 들어, "나는 양심껏 살고 선행도 많이 했지만, 살아가는데 일이 뜻대로 잘 풀리지 않고 불행한 일이 일어나는 반면에, 어떤 사람은 나쁜 짓을 하는데도 모든 일이 순조롭게 풀리며 잘 산다." 이런 생각이 들거나, 실제로 그런 일이 일어나는 경우도 있습니다. 이런 상황에서 인과를 믿어야 하는지, 믿지 말아야 하는지에 대한 갈등이 생기기도 합니다. 그러나 『인과경』에는 이렇게 말하고 있습니다.

"전생에 내가 무엇을 했는지 알고 싶다면, 금생에 내가 받고 있는 과보를 보고, 내생에 내가 어떻게 될지 알고 싶으면, 금생에 내가 짓고 있는 업을 보라."

이전의 법문에서도 소개한 적이 있습니다만, 인과에는 세 가지가 있습니다.

첫째, 순생보(順生報)는 전생에 지은 업의 과보는 금생에 받고, 금생에 지은 업의 과보는 내생에 받는 것입니다. 지금 선한 일을 하고 있음에도 불구하고 뜻대로 일이 풀리지 않는 경우는 전생에 선하지 않은 업을 지었기 때문에 금생에서 그 괴로운 과보를 받는 것입니다.

둘째, 순현보(順現報)는 선한 업을 짓든 악한 업을 짓든 다음 생에 갈 것도 없이 현생에서 업의 과보를 받는 것입니다. 예를 들어, 사회에서 매우 나쁜 짓을 한 사람이 즉시 체포되어 교도소에 가는 경우입니다.

셋째, 순후보(順後報)는 금생에 지은 업의 과보를 현생이나 다음 생에는 받지 않는다 하더라도, 수억 만겁 뒤에라도 반드시 받는 것입니다. 지은 업은 결코 소멸되지 않고 반드시 그 과보는 있습니다. 순생보든, 순현보든, 순후보든 모두 그 핵심은 인과에 있습니다.

그렇다면 중생세계에서 인과의 기반은 무엇일까요? 그것은 바로 탐·진·치 삼독입니다. 예를 들어, 돈이든 명예든 권력이든 욕망이 일어나면, 그 욕망에 따른 행위가 자연스럽게 이어지게 됩니다. 고래로 재물욕이나 권력욕에 눈이 멀어 인생을 망치는 사람이 드물지 않습니다. 그런데 이러한 인과의 기반인 탐·진·치는 왜 생기는 것일까요? 그 이유는 근본자성을 제대로 깨닫지 못해서 생깁니다. 제대로 깨닫지 못하면 삼독이 생기고, 삼독이 있으면 불선업을 짓게 됩니다. 더 나아가, 중생이 깨닫지 못하는 것, 즉 불각(不覺)은 어디에서 비롯될까요? 그것은 바로 중생의 근원자리인 마음에서 비롯됩니다. 마음은 본래 청정하여 부처라고 해서 더 깨끗하거나, 중생이라고 해서 더 더럽지 않습니다. 마찬가지로 부처라고 해서 공덕이 더해지거나 중생이라고 해서 줄어들지 않습니다. 마음의 본래 청정성은 생기는 것도 아니고 멸하는 것도 아닙니다. 하지만 이 본성을 제대로 깨닫지 못함으로 인해 무명업식이 일어나고, 무명업식으로 인해 탐·진·치 삼독이 생기고, 삼독으로 인해 업을 짓게 되고, 업을 지음으로 인해 과보를 받게 됩니다.

중생에게는 아집(我執)과 법집(法執)이 있습니다. 아집은 '나'라고 하는 주체가 존재한다고 생각하고 이것에 집착하는 것입니다. 반면에 법집은 보이거나, 들리거나, 내지 생각되는 대상이 있다고 생각하고 이것에 집착하는 것입니다. 이러한 집착이 있으면 이것으로 인해 장애가 생깁니다. 아집으로 인해 생기는 장애를 '번뇌장'이라 하고, 법집으로 인해 생기는 장애를 '소지장'이라고 합니다. 이 두 가지 장애는 중생을 고해에 빠지게 합니다. 결국 중생이 고해에서 벗어나려면 장애가 없어야 하는데, 장애는 집착에서 비롯되므로 집착을 없애야 합니다. 그렇다면 집착은 어떻게 없앨 수 있을까요? 선가에서는 방하착(放下著)이나 직입(直入)을 실천하라고 합니다.

방하착은 모든 것, 즉 육진, 육근, 육식을 모두 놓아버리는 것입니다. 부처님께서 재세 시 어느 범지가 양손에 각각 꽃 한 송이를 들고 부처님께 공양을 올리려고 하고 있었습니다. 그때 부처님께서 "놓아버려라."라고 말씀하시자 범지는 오른손에 든 꽃을 바닥에 놓았습니다. 다시 "놓아버려라."라고 말씀하시자 이번엔 왼손에 든 꽃을 놓았습니다. 그런데 부처님께서 또다시 "놓아버려라."라고 하시자 이제 놓을 꽃이 없었습니다. 이에 그 범지는 "부처님, 제가 이미 양손에 든 꽃을 다 놓아버렸는데, 다시 무엇을 놓아버리라고 하십니까?"라고 여쭈었습니다. 이에 부처님께서 말씀하셨습니다. "내가 그대에게 놓아버리라고 한 것은 두 손에 든 꽃이 아니다. 밖으로는 육진을 놓아버리고, 안으로는 육근을 놓아버리고, 중간으로는 육식을 놓아버리라는 것이다." 이처럼 방하착은 집착의 대상을 모두 놓아버리는 것입니다.

직입(直入)은 곧장 들어간다는 의미입니다. 그런데 어디에 곧장 들어가는 것일까요? 지금 산승은 이렇게 이야기하고 있고, 불자님들은 그 이야기를 듣고 있습니다. 이렇게 이야기하고 이야기 듣는 것 자체는 자기 자신을 떠나서 따로 있는 것이 아닙니다. 저 허공이 이야기를 하거나, 이야기를 듣는 것이 아닙니다. 그렇다면 무엇이 이야기를 하고 이야기를 듣는 것일까요? 그것이 무엇인지 아무리 찾아봐도 형체도 없고, 냄새도 없으며, 만져지지도 않지만, 그럼에도 불구하고 이야기를 하고 듣는 일 자체는 우리 눈앞에 분명히 일어납니다. 이렇게 이야기하고 듣는 그 자체가 무엇인지 바로 깨달으면, 생사에서 해탈할 수 있습니다. 나의 생명의 근원과 우주 삼라만상의 본성에 곧장 뛰어드는 것이 바로 직입입니다. 직입은 달리 말하면 중생의 본래 면목을 찾는 수행입니다. 그것을 요즘 선가에서는 '이 뭣꼬?' 화두라고 합니다. 산승이 이 화두와 관련하여 예전에 지은 게송이 하나 있습니다.

圓通法界性(원통법계성)

智光照大天(지광조대천)

眼聞而耳見(안문이이견)

六根常自在(육근상자재)

법계에 두루한 성품이여,

지혜 광명이 대천세계를 비춤이라.

눈으로 듣고 귀로 봄이여,

육근이 항상 자재하다.

이렇게 이야기하고 이야기 듣는 근본자리를 깨닫게 되면 지혜 광명이 삼천대천세계를 비추고도 남음이 있으며, 무애변재가 넘쳐 흐르고, 큰 신동을 부릴 수 있습니다. 또한 보거나 듣는 것에 자유로워져 모든 집착이 소멸합니다. 그리하여 사바세계가 바로 불국토가 됩니다. 따라서 한 발자국도 옮기지 않고, 바로 이 자리에서 모든 일을 다해 마칠 수 있습니다.

직입은 상승의 경지이기 때문에 이루기가 쉽지 않습니다. 따라서 스스로 실참실구(實參實究)하지 않으면 안 됩니다. 그렇다면 어떻게 해야 제대로 참구할 수 있을까요? 발심(發心)이 되어야 합니다. 그런데 이 발심은 인생무상을 뼛속 깊이 느껴야만 생깁니다. 무상이 느껴질 때 발심이 일어나고, 발심이 생기면 수행하라고 말하지 않아도 저절로 수행하게 됩니다. 수행뿐만 아니라 세상살이도 마찬가지입니다. 계기가 될 수 있는 절실한 무언가 있어야 자기 분야에서 멀리 나아갈 수 있습니다.

옛 이야기를 하나 하겠습니다. 일제강점기에 수월 스님이란 분이 있었습니다. 그분은 출가 전에 남의 집 머슴살이를 하고 있었는데, 어느 날 한 스님이 탁발하러 와서 신묘장구대다라니 주력을 하더랍니다. 주력을 듣자마자 마음에 환희심이 일어나 "스님, 그것이 무엇입니까?"하고 물으니, 신묘장구대다라니라고 알려주더랍니다. 그러자 "저도 스님 계시는 절에 가서 공부 할 수 있겠습니까?"하고 여쭈니, "오라."고 하더랍니다. 그래서 그는 주인에게 이별을 고하고 절에 들어가 3년 동안 신묘장구대다라니 주력을 했답니다. 그렇게 공부를 하던 중 어느 날 깨달음을 얻었습니다. 그 절의 주지스님에게 그 깨달음을 이야기하자, 주지스님이 "이것은 나의 경계가 아니다. 천정암의 경허 스님을 찾아가 보라."라고 권했습니다. 수월 스님이 천정암에 가자마자 벽력같이 소리를 지르니까 경허 스님이 "다시 한 번 더 질러라."라고 했습니다. 그래서 수월 스님은 주먹으로 병풍을 쳤답니다. 그때 경허 스님이 인가를 했다고 합니다. 수월 스님의 예에서 볼 수 있듯이 발심은 도를 이루기 위한 출발점이자 핵심입니다.

참선할 때 발심이 생기려면, 먼저 선지식에게서 화두를 간택받아야 합니다. 스스로 책을 보아 정한 화두는 수행을 하다 보면 종종 의심이 생깁니다. "이렇게 해도 될까?"하는 의심이 들면, 그 화두를 내버리고 다른 것을 참구하게 됩니다. 그러나 선지식에게서 화두를 간택받은 경우는 "아! 큰 스님께서 내 근기와 모든 것을 보시고 나에게 인연 있는 화두를 주셨으니, 이 화두로 틀림없이 깨달을 수 있다."라는 확신이 생기기 때문에, 비록 중간에 참구가 잘되지 않더라도 꾸준히 수행을 이어갈 수 있습니다. 그렇게 화두를 살펴가다 보면 특수한 계기에 견성을 이루게 됩니다.

구체적인 사례를 말하자면, 예전에 부산 범어사에 설봉 스님이라는 분이 있었습니다. 그 스님은 속가에서 공무원 생활을 하던 중, 자기 부인이 세상을 떠나자 인생무상을 느껴 출가를 했습니다. 어느 해, 설봉 스님은 김해에 있는 조그마한 암자에서 홀로 용맹정진을 시작했습니다. 밥 먹는 것도, 잠자는 것도, 다 잊어버리고 한 생각을 간절하게 살피며 정진하고 있는데, 하루는 군인들이 문을 갑자기 쾅 열면서 "없다!"고 소리쳤습니다. 그 연유는 마을 사람들이 암자에 공비가 있다고 오인해 신고한 뒤 군인늘이 수색했으나, 공비는 없고 노장만 잠든 듯 앉아 있었기 때문입니다. 그 "없다!"는 소리에 설봉 스님은 견성오도를 이루었습니다.

수행할 때 자나 깨나 한결같은 오매일여의 경지가 있습니다. 이 경지는 모든 망념이 뚝 끊어지고 오직 한 생각이 뚜렷이 드러나는 무심(無心)의 상태입니다. 하지만 그 경지에서 한걸음 더 나아가야 합니다. 더 나아가면 어떻게 되느냐? 옛 게송에 다음과 같이 말합니다.

莫道無心云是道(막도무심운시도)

無心猶隔一重關(무심유격일중관)

天地地天天地轉(천지지천천지전)

水山山水水山空(수산산수수산공)

무심을 도라고 말하지 말라.

무심도 아직 한 관문이 남아 있다.

하늘이 땅이고 땅이 하늘이어서 천지가 뒤바뀌고

산이 물이고 물이 산이라서 산과 물이 공해진다.

오매일여에서 한걸음 더 나아간 경지를 대사각활(大死却活)이라고 합니다. 이것은 크게 죽어서 한 번 되살아나야 한다는 의미입니다. 만약 "있다."고 하면 있는 것에 집착하게 되고, "없다."고 하면 없는 것에 집착하게 되며, "있기도 하고 없기도 하다."고 하면 있기도 하고 없기도 한 것에 집착하게 되고, "둘 다 아니다."라고 하면 둘 다 아닌 것에 집착하게 됩니다. 따라서 이러한 집착에서 벗어나기 위해서는 모든 것이 공함을 깨달아야 합니다. 견성은 삼라만상을 부정하는 것이 아니라, 그 본성을 꿰뚫어 아는 것입니다.

山山水水各宛然(산산수수각완연)

天天地地何曾轉(천천지지하증전)

산은 산, 물은 물, 각각 완연하다.

하늘은 하늘, 땅은 땅, 어찌 일찍이 뒤바뀐 적이 있겠는가!

견성성불을 하고 나면 무엇을 하느냐? 고기가 용이 될 때 비늘은 바뀌지 않고 그대로 남아 있다고 합니다. 깨달은 부처도 일상에서는 성불하기 전과 달라지는 것이 없습니다. 배고프면 밥을 먹고 졸리면 잠을 잡니다. 깨달은 부처는 깨닫지 못한 범부와 무엇이 다를까요? 부처는 진여자성에 순응해서 살고 있기 때문에 일거일동(一擧一動)이 모두 진리에 부합합니다. 눈을 한 번 꿈쩍이고 발을 한 번 움직이는 것만으로도 그대로 진리의 묘용이 드러납니다. 무슨 말을 하든 입만 벌리면 그것이 미묘한 설법이 됩니다.

지금까지 한 말을 요약하자면, 우주 삼라만상은 모두 마음으로 이루어져 있습니다. 그렇다면 이 마음은 무엇일까요? 이렇게 이야기하고 이야기 듣는 이 자체가 마음이며, 생명의 근원이자 우주의 본체입니다. 이 사실을 깨닫게 되면 생사에서 벗어나 자유자재하게 되고, 깨닫지 못하면 생사의 윤회를 반복하게 됩니다.

『화엄경』에 보면 부처님께서 이러한 의문을 갖습니다.

"내가 깨달은 진리가 참으로 오묘한데 이 진리가 나에게만 갖추어져 있는가 아니면 다른 중생들에게도 갖추어져 있는가?"

그리하여 낱낱이 살펴본 결과, 진리가 모든 중생에게도 똑같이 갖추어져 있었습니다. 다만 차이점은 중생에게는 아직 번뇌망상과 무명업식이 있는 것이었습니다.

수행은 "중생은 본래 부처이다."는 믿음에서 출발합니다. 이 믿음은 도의 근원이며, 공덕의 어머니이자 모든 선법을 길러냅니다. 특히 대승불교의 바탕에는 중생에게 부처님과 똑같은 지혜공덕과 신통묘용이 갖추어져 있다는 확신이 자리잡고 있습니다. 부처가 따로 있는 것이 아니라, 바로 자기 자신이 부처입니다.

그렇다면 중생과 부처의 차이는 무엇일까요? 가장 큰 차이는 행이 서로 다릅니다. 예를 들어, 부처님은 자비로써 생명을 살리는 행을 하지만, 중생은 그렇지 못합니다. 불자가 불교에 귀의할 때, '살생하지 말라. 도둑질하지 말라. 음행하지 말라. 거짓말하지 말라. 술 먹지 말라.'는 오계를 받습니다. 왜 이 오계를 지켜야 할까요? 그 이유는 오계를 지키는 것은 부처의 행이고, 이것을 어기는 것은 중생의 행이기 때문입니다.

구체적으로 살생하지 아니할 뿐만 아니라 방생을 하는 것이 부처의 행이지만 이를 어기는 것은 중생의 행입니다. 도둑질하지 아니할 뿐만 아니라 보시하는 것이 부처의 행이지만 이를 어기는 것은 중생의 행입니다. 음행하지 않지 아니할 뿐만 아니라 청정한 범행을 닦는 것이 부처의 행이지만 이를 어기는 것은 중생의 행입니다. 거짓말하지 아니할 뿐만 아니라 진실한 말을 하는 것이 부처의 행이지만 이를 어기는 것은 중생의 행입니다. 또한 술을 마시지 않을 뿐만 아니라 바른 생활을 하는 것이 부처의 행이지만 이를 어기는 것은 중생의 행입니다.

『유마경』을 보면, 유마 거사는 문수보살의 질문에 양구(良久)를 합니다. 그러자 문수보살은 "거사님은 참으로 불이(不二)의 도리를 잘 설하셨습니다."라고 말합니다. 개구즉착(開口卽錯), 즉 입을 열면 그르치게 된다는 말처럼, 부처의 행은 말에 있는 것이 아니라 마음에 있는 것입니다. 먼저 내가 바로 부처라는 것을 믿고, 부처의 행을 자꾸 닦아 가다보면, 비록 당장 부처가 되지 못한다 하더라도 여러 생에 걸쳐 신·구·의(身口意) 삼업이 청정해지고, 결국에는 심기일전(心機一轉)하게 됩니다.

현재 한국불교, 특히 조계종에서는 선을 지나치게 강조하여, 먼저 깨닫고 나서 중생을 교화해야 한다는 생각이 자리 잡고 있습니다. 그것으로 인해 불교가 점점 사회와 멀어지는 부작용이 나타나고 있습니다. 하지만 '귀의불양족존(歸依佛兩足尊)'이라는 말이 제시하듯이, 수행자는 지혜와 자비 둘 다 구족해야 합니다. 지혜를 지나치게 추구하다 보면 자비행을 소홀히 할 수 있고, 반대로 자비행에만 치중하다 보면 근본자리를 살피는 데 소홀해질 수 있습니다. 따라서 두 가지를 항상 동시에 살펴나가는 것이 매우 중요합니다.

옛날 스님들은 참으로 애써 공부했습니다. 칠불사에는 신라 효공왕 때 담공 스님이 온돌을 놓았다고 알려지는 아자방이 있습니다. 이 방 내부 모양이 '버금아(亞)'자같이 생겨서 아자방이라 하는

데, 방의 높은 부분은 바닥에서 약 50cm 정도 높습니다. 이 방은 불을 한 번 때면 100일간 따뜻했다고 전해집니다. 아자방에서 공부할 때에는 장좌불와(長坐不臥), 일종식(一種食), 묵언(默言)이라는 세 가지 규칙이 있었습니다.

아자방에서 수행했던 스님 가운데 특히 유명한 분이 조선 중엽에 활동하셨던 추월 조능 선사입니다. 이 스님은 아자방에서 용맹정진하여 견성오도했다고 전해집니다. 한번은 추월 선사가 아자방에서 수행 중, 너무 졸려서 이렇게 생각했다고 합니다.

"내가 이렇게 지내다가는 3년이 아니라 30년을 지내도 아무 소용이 없겠구나."

이에 걸망에 돌을 가득 넣어 짊어지고 쌍계사로 가서 육조정상탑에 참배하며 생사를 초탈할 수 있기를 발원했습니다. 이렇게 발원하며 3년을 왕래하던 중 어느 날, 갑자기 걸망이 가볍게 느껴져 돌아보니 큰 범이 걸망을 머리로 받치고 따라오고 있었습니다.

"내가 애써서 공부하니 맹수도 감동하여 도와주고 있구나."

그 후 더욱 정진하여 결국 확철대오를 이루었다고 합니다. 이처럼 견성오도하려면, 가나 오나 앉으나 누우나 잠을 자나 꿈속에서도 한 생각을 놓치지 않고 간절하게 마음을 닦아야 합니다.

하지만 불현듯 망상이 일어나면 어떻게 해야 할까요? 조사어록에 보면, "망념이 일어나는 것을 두려워하지 말고, 화두참구를 더디게 할까 걱정하라."는 구절이 있습니다. 망념이 일어날 때, 재빨리 원래 참구하던 화두를 챙기라는 것입니다. 그렇게 하면, 들어

오던 망념은 온데간데없이 사라집니다. 망념이 사라지는 것은 벌겋게 달아오른 화로에 떨어진 한 점의 눈발에 비유됩니다. 화로에 눈발이 떨어지자마자 녹아 없어지듯, 화두를 챙기자마자 망념은 자연스럽게 소멸됩니다.

재가불자들은 생활전선에서 여러 가지 일을 해야만 합니다. 따라서 '어떻게 한가하게 망념을 없앤다고 화두를 챙길 수 있을까?' '참선이 일상생활과 무슨 관련이 있을까?' 이런 생각을 할 수도 있습니다. 하지만 중생의 마음자리는 본래 지혜공덕과 신통묘용이 다 갖추어져 있습니다. 원을 세우고 노력하면 이루어지지 않는 것이 없습니다. 빈 골짜기에서 소리를 지르면 메아리가 울리지만, 빈 골짜기가 아닌 곳에서 소리를 지르면 메아리는 울리지 않습니다. 중생의 마음도 마찬가지여서 망념 없이 기도하면 소원이 성취되지만, 망념이 생기면 소원은 성취되지 않습니다.

앞서 말씀드린 것처럼 중생과 부처의 차이는 망상과 집착의 유무입니다. 기도할 때에는 간절한 마음으로 염불을 해야 합니다. 가나 오나 앉으나 누우나 잠을 자나 꿈속에서까지 간절히 하다 보면, 망상과 집착이 사라지고 마음이 비워집니다. 그때야 비로소 자기의 원이 성취됩니다.

TV나 라디오를 보거나 듣기 위해서는 주파수를 잘 맞추어야 합니다. 마찬가지로 불보살과 통하기 위해서는 무념(無念)이라는 주파수를 잘 맞추어야 합니다. 만약 욕망만 가지고 무언가를 성취하려고 하면, 소원하는 바를 이룰 수 없습니다. 모든 생각을 놓아버리고 무념의 경지에 들어갈 때, 비로소 자기 자신이 뜻한 바가 이루어집니다. 중생은 본래 모든 것을 다 갖추고 있기 때문에, 원을 세우고 지극정성으로 하다 보면, 그 모습부터 달라집니다. 마음이 맑아지면 육신이 맑아지고, 육신이 맑아지면 자신이 속한 주위 환경이 맑아집니다. 나아가 나라가 맑아지고, 온 세계가 맑아집니다. 왜냐하면 내가 살고 있는 이 세계는 바로 내 자신이 만드는 것이기 때문입니다.

혹자는 '내가 나기 전에도 이 세계는 있었고, 죽고 나서도 여전히 있을 것인데, 무슨 소리인가?'라고 생각할지 모르겠습니다. 하지만 실제로 내가 속한 이 세계는 내가 만들어 가고 있습니다. 더 넓히면, 우리가 속한 세계는 우리가, 사람들이 속한 세계는 사람들이, 중생이 속한 세계는 중생이 만들어 가는 것입니다. 경전에 보면, "한 생각 미혹할 때, 이 세계와 내 심신(心身)이 동시에 드러나는 것이 마치 달팽이 뿔과 같다."고 했습니다. 달팽이 머리에서 두 뿔이 동시에 나오듯이, 중생의 망상에서 주관의 세계와 객관의 세계가 동시에 펼쳐집니다. 하지만 주·객을 내어 이에 대한 망상집착으로 인해 고해에 빠지느냐, 망상을 없애 고해에서 벗어나느냐는 전적으로 개인의 선택에 달려 있습니다. 한 개인이 그 한 생각마저 없앨 때, 그 자신은 물론 그가 속한 세계까지도 맑아지게 됩니다.

若有一人發眞歸源(약유일인발진귀원)

十方虛空悉皆消殞(시방허공실개소운)

한 사람이 진심을 발휘해서 근원자리에 돌아가면,

시방 허공이 모두 다 녹아 없어진다.

부처님 말씀대로 모든 중생에게는 불성이 있습니다. 중생이 본래 부처라는 사실은 시공을 초월한 진리입니다. 중생은 부처님과 똑같이 일체의 지혜공덕과 신통묘용을 다 갖추고 있습니다. 이에 중생 스스로 무애변재와 대신통을 다 성취할 수 있습니다. 하지만 그렇게 되기 위해서는 원을 세워야 합니다. 염불로 들어가든, 주력으로 들어가든, 참선으로 들어가든, 깨달아 망상집착을 없애야 합니다. 깨달은 사람을 부처라 하고 깨닫지 못한 사람을 중생이라 합니다. 깨닫고 보면, 일거일동(一擧一動)하는 모든 것이 도 아닌 것이 없습니다.

見書不關色(견서불관색)

聞聲不是聲(문성불시성)

聲色無碍際(성색무애세)

心到西方聖(심도서방성)

책을 보되 색에 관계되지 않고,

소리를 듣되 소리가 아니로다.

소리와 색에 걸림이 없을 때,

부처의 경지에 이를 수 있다.

식(識)과 지(智)

삼봉 정도전의 『불씨잡변』은 신유학의 관점에서 불교의 폐단을 비판하고 불교에 내재된 모순을 지적하기 위해 쓴 책입니다. 이 책은 시중에서 떠도는 소문들을 모아 놓은 수준에 불과해 굳이 다룰 필요는 없지만, 정도전이 제기한 의문들 중 일부는 아직도 몇몇 사람들이 불교의 모순으로 여기고 있는 것이 있어 이에 대해 한 번 살펴볼 필요가 있습니다.

삼봉은 불교의 허점이라고 생각하는 부분을 비판하며 다음과 같은 질문을 제기합니다. "불법의 핵심인 삼법인 중 하나가 제법무아(諸法無我)다. 무아라면 대체 무엇이 윤회한다는 말인가?" 불교에서는 중생의 몸과 마음 외에, 그것들과 별도로 실재하면서 신체적·정신적 작용을 주재하는 독립적 존재는 없다고 가르칩니다. 만약 이러한 것이 없다면, "무엇이 보고, 들으며, 업을 짓고 업의 과보를 받는가?" 삼봉은 제법무아설과 업설, 나아가 윤회설이 서로 모순된다고 주장합니다. 사실 이 질문은 삼봉의 독창적인 생각은 아닙니다. 이미 브라만교에서 제기된, 하지만 오래전에 타파된 낡은 질문입니다. 정도전은 이미 답이 나와 정리된 문제를 새삼 포장하여, 불교가 엉터리라는 인상을 대중에게 심어주려고 했던 것입니다.

불교는 인생이나 우주에 관한 의문이 있을 때 이를 회피하거나 대충 얼버무리지 않고 철저히 궁구합니다. 또한 절대자로서의 신을 내세워 그 뜻에 무조건 따라야만 한다는 식의 강요도 없습니다. 불교는 완전히 열린 사고 속에서 만법에 두루 통할 수 있는 진리가 무엇인지를 찾고자 합니다. 석가모니 부처님께서 6년 동안 고행을 했던 이유가 바로 여기에 있으며, 달마 조사가 9년 동안 면벽했던 까닭도 여기에 있습니다.

석가모니 부처님은 고(苦)의 원인을 추적하여 이것을 밝히는 연기설(緣起說)을 제시하셨습니다. 12가지 지분으로 분석되는 연기설의 출발점에는 무명(無明)이 있습니다. 무명은 달리 미혹이라고 합니다. 중생은 미혹에 빠져 업을 싯고, 업을 싯는 까닭에 윤회합니다. 윤회는 철저히 인과응보의 법칙에 따릅니다. 이 인과응보는 단지 한 생에 그치는 것이 아닙니다. 과거, 현재, 미래의 3세에 걸쳐 이루어집니다. 업과 그 과보는 과거에 지은 업의 과보를 현재에 받고, 현재에 지은 업의 과보를 미래에 받게 되는 시간의 흐름 속에 있습니다.

금생에 업을 지어 금생에 그 과보를 받는 것을 순현보(順現報)라고 합니다. 이는 업의 힘이 매우 강하여 현생에서 즉시 과보가 나타나는 경우입니다. 반면, 금생에 업을 지어 내생에 그 과보를 받는 것을 순생보(順生報)라 하고, 금생에 업을 지어 몇 생 건너뛰어 과보를 받는 것을 순후보(順後報)라 합니다. 이 순후보의 업력이 가장 약합니다. 이와 같은 업인과 과보의 관계를 삼시보(三時報)라 합니다. 그 외에도 인연이 될 때까지 과보를 받는 때가 정해져 있지 않는 순부정보(順不定報)가 있습니다.

윤회는 업과 그 과보 사이에 일어나는 인과의 과정입니다. 업을 짓는 이유는 무명, 다른 말로 미혹 때문입니다. 이 미혹은 식(識)에서 비롯됩니다. 불가에서는 우주의 삼라만상이 모두 마음에서 벌어진다고 합니다. 마음은 어떻게 움직이는지에 따라 두 가지로 나누어집니다. 첫 번째는 업력에 따라 움직이는 마음으로, 이것을 식(識)이라고 합니다. 식의 흐름이 중생의 세계를 엽니다. 반면에 두 번째는 원력에 따라 움직이는 마음으로, 이것을 지(智)라고 합니다. 지의 흐름이 부처의 세계를 엽니다. 사실 미혹되어 있느냐 아니면 미혹을 여의고 있느냐의 차이가 있을 뿐, 식과 지는 근본적으로는 둘 다 마음입니다. 윤회는 결국 미혹된 식의 흐름일 뿐입니다.

정도전 같은 유생들은 불교의 정수를 알지 못하기 때문에 무아를 주장하면서도 윤회를 언급하는 것은 모순이라고 근거 없는 소리를 합니다. 하지만 식의 흐름은 무시이래로 정등각을 이루어 부처가 될 때까지 흘러가고 있습니다. 따라서 윤회의 주체가 없는 것이 아닙니다. 그렇다고 해서 찰나 생멸하는 식이 브라만교에서 내세우는 영원불변하는 아(我)가 아닐 뿐더러 식의 흐름과 별도로 존재하는 그러한 아가 있지도 않습니다. 식은 인연화합에 따라 늘 변하는 것입니다. 우리가 통상 '나'라고 생각하는 것은 사실 무시 이래로 흘러가고 있는 식의 흐름에 붙인 이름에 지나지 않습니다. 따라서 정도전의 주장은 불교 교리를 알지 못하는 것에서 기인한 그릇된 것입니다.

계율을 지키는 의미

계는 섭율의계(攝律儀戒), 섭선법계(攝善法戒), 그리고 섭중생계(攝衆生戒)로 나뉩니다. 섭율의계는 하지 말라는 것인 반면에, 섭선법계는 하라는 것입니다. 예를 들어, 섭율의계는 살생하지 말라는 것이고, 섭선법계는 방생하라는 것입니다. 오계는 살생, 도둑질, 사음, 거짓말, 그리고 술에 취하지 말라는 것입니다. 이 오계를 잘 지키면 복이 생기고 죄가 소멸되어 선도(善道)에 태어날 수 있습니다. 이것을 작복죄멸(作福罪滅)이라고 합니다.

구체적으로 말하자면, 살생의 죄를 지었을 때 그 죄를 없애려고 참회를 하지 않습니까? 참회는 과거의 죄업을 뉘우치고 다시는 그와 같은 죄를 짓지 않겠다고 다짐하는 것입니다. 그러나 살생의 죄가 참회한다고 해서 없어지겠습니까? 그것만으로는 부족하고 방생을 해야 그 죄가 없어집니다. 도둑질의 죄도 마찬가지로, 참회할 뿐만 아니라 보시를 해야 그 죄가 없어집니다. 사음의 죄는 참회할 뿐만 아니라 청정한 범행을 닦아야 없어지고, 거짓말의 죄는 진실한 말을 지속적으로 해야 없어지며, 술에 취해 저지른 죄는 술을 끊고 바른 생활을 해야 없어집니다. 하지만 섭율의계와 섭선법계는 중생세계에서의 일입니다. 수행자에게는 모든 중생을 제도하겠다는 발원을 세우는 섭중생계(攝衆生戒)가 있습니다. 이 세 가지 계를 합쳐 삼취정계(三聚淨戒)라 합니다.

혜능대사는 "마음에 그릇됨이 없는 것이 마음 자체의 계율이고, 마음에 산란함이 없는 것이 마음 자체의 선정이며, 마음에 어리석음이 없는 것이 마음 자체의 지혜이다."라고 말합니다. 계율을 통해 선정이 생기고, 선정으로 인해서 지혜가 발현됩니다. 따라서 계율을 잘 지키면 마음이 안정되며, 마음이 안정될 때 지혜가 생겨 계·정·혜 삼학이 저절로 갖추어집니다.

선문헌 중에서 백미로 꼽히는 것이 『벽암록』입니다. 『벽암록』은 설두 중현 선사가 고칙(古則) 100개를 제시한 후, 원오 극근 선사가 이에 수시(垂示), 착어(著語), 평장(評唱)을 덧붙여 편찬한 어록입니다. 고칙 100개 중 마지막 칙은 '파릉 화상의 취모검'입니다. 어느 스님이 파릉 선사에게 물었습니다.

"어떤 것이 취모검입니까?"

취모검은 칼날이 매우 예리하여 머리카락을 대기만 해도 자를 수 있는 명검입니다. 이 질문에 파릉 선사가 "산호 가지마다 달을 버티고 있다."라고 답합니다. 간화선의 화두는 그것에다 말을 덧붙이면 몸을 잃고 수명이 다 할 수 있기에, 어쩔 수 없이 이와 같이 대답한 것입니다. 달이 바다에 비치면 마치 산호 가지가 달을 지탱하여 달이 바닥에 떨어지지 않는 것처럼 보입니다. 여기서 달은 지혜에 대한 비유이고, 바다는 선정에 대한 비유입니다.

선정은 여러 가지로 나뉩니다. 영가 선사에 의하면 안주정(安住定), 인기정(引起定), 판사정(辦事定)이 있습니다. 안주정은 묘한 성품이 천연스러워 본래 동요함이 없는 상태이며, 인기정은 염불, 참선, 주력, 화두 등을 통해 일념이 되는 상태이고, 판사정은 마음이 맑아져 제법실상을 바로 꿰뚫어 보는 상태입니다. 파릉 화상은 깊은 선정에 들어 만사가 순탄한 상태를 "산호 가지마다 달을 버티고 있다."고 표현한 것입니다.

원오 선사는 이 마지막 칙에 "마음의 광명이 온갖 형상을 집어 삼키니 사해구주로다."라는 착어를 붙입니다. 여기서 사해구주란 당시 세계가 사해와 구주로 이루어져 있다고 본 데서 비롯된 표현으로, 곧 온 세상을 뜻합니다. 부처님께서 설하신 진리가 무엇이냐는 질문에 대해 파릉 선사는 온 세상이 바로 마음이라고 답한 것입니다. 다른 어록에서는 이것을 '심외무물만목청산(心外無物滿目靑山)'이라고 합니다. 마음 이외에 다른 것이 없으므로, 눈에 가득한 것이 다 청산입니다.

계율을 잘 지키면 삼매가 이루어지고, 삼매가 이루어지면 마음 본연의 자리가 명확히 드러납니다. 평소에 바르게 살아가면, 본분

종사를 만날 인연이 닿게 되어 그분의 일언지하에 몰록 깨달을 수 있습니다. 예를 들어, 작소 도림 선사의 문하에 회통(會通)이라는 시자가 있었습니다. 이 시자가 수년 동안 도림 선사를 모셨지만, 선사의 가르침을 듣지 못했습니다. 결국 그는 더 이상 기다릴 수 없다고 생각하고 선사에게 작별을 고했습니다.

"스님, 저는 여기를 떠나렵니다."

"왜 떠나려고 하느냐?"

"불법을 구하러 떠납니다."

"불법이라니? 흔해 빠진 불법을 어디에서 구한단 말이냐? 불법이라면 여기에도 있다."

"스님의 불법은 어떤 것입니까?"

도림 선사는 입고 있던 옷에서 실오라기를 하나 뽑아 불어 보였습니다. 그 순간 시자는 즉시 깨달음을 얻었다고 합니다.

마음 이외에 다른 것은 없습니다. 중생이 보고 듣는 것은 마음과 다른 물건이 아닙니다. 소리와 형색이 다 그 도리를 드러내고 있습니다. 수행의 길은 마음을 자비롭게 하여, 보고 듣는 경계에 얽매이는 중생을 교화하는 것입니다. 이러한 삶이 신성한 의미에서 계율을 잘 지키며 사는 것이라 할 수 있습니다. 결국 계율을 통해 지켜야 하는 것은 마음의 본분자리입니다.

마음의 본분자리를 『화엄경』에서는 법계라 하고, 『기신론』에서는 진여라 하며, 『금강경』에서는 반야라고 하고, 『법화경』에서는 실상이라고 합니다. 진리는 하나이지만 그 이름은 여러 가지인 일법천

명(一法千名)입니다. 본분자리는 깨달은 부처이든 깨닫지 못한 중생이든 누구에게나 다 같습니다. 혜능 대사는 "마음 자체는 본래 청정하고, 본래 생멸하지 않으며, 본래 자체로 구족되어 있고, 본래 동요가 없다."고 말합니다. 이 마음에서 우주만유가 다 펼쳐져 나옵니다. 모든 중생은 그러한 마음을 지니고 있으므로, 생명의 실상과 우주의 본체를 다른 것에서 찾을 필요가 없습니다. 지금 우리가 이렇게 이야기하고 듣고 있는 바로 이 마음 자체에서 찾을 수 있습니다.

중생 각자의 마음에는 모든 지혜공덕과 신통묘용을 갖추고 있기 때문에, 중생이 원을 세우고 정진하면 이루어지지 않는 것이 없습니다. 다만, 크게 원을 세우면 크게 성취하고, 작게 원을 세우면 작게 성취합니다. 이왕 원을 세울 바에는 견성오도해서 모든 중생을 제도하겠다는 큰 원을 세우는 것이 불자로서 참으로 계율을 잘 지키는 것이라 하겠습니다.

산승이 출가했을 때 여러 스님들이 각기 다른 수행 방법을 지도해주셨습니다. 어떤 스님은 이렇게 하라고 하고 또 다른 스님은 저렇게 하라고 해서, 각자 추천하는 방법이 달랐습니다. 예를 들면, 염불을 할 때 어떤 스님은 관세음보살을 염하라고 하고, 다른 스님은 아미타불을 염하라고 했습니다. 경전공부도 마찬가지여서, 어떤 스님은 『금강경』을 공부하라 하고, 다른 스님은 『화엄경』을 공부하라고 했습니다. 화두수행도 마찬가지인데, 어떤 스님은 '이 뭣고?'를 참구하라고 하고, 다른 분은 '무(無)'자를 참구하라고 했습니다.

사실 초보자는 어떤 것이 좋은지, 어떻게 해야 할지 혼란스러울 수 있습니다. 그러나 관건은 일념을 이루는 것입니다. 어느 것이 다른 것보다 낫다고 할 수 없습니다. 무엇이든 간에 평소에 자주 하는 것을 붙들고, 가나 오나 앉으나 서나 꿈속에서도 놓치지 않고 집중하는 것이 중요합니다. 그렇게 일념으로 하다 보면, 한 생각조차 뚝 끊어져 마음의 본분자리가 드러나게 됩니다. 어느 스님이 자기 누이에게 다음의 게송을 일러주었습니다.

阿彌陀佛在何方(아미타불재하방)
着得心頭切莫忘(착득심두절막망)
念到念窮無念處(염도염궁무념처)
六門常放紫金光(육문상방자금광)
아미타불이 어느 곳에 있느냐?
한 생각 놓치지 말고 늘 마음을 챙겨라.
생각하고 생각해서 생각마저 없어질 때,
육근에서 항상 광명을 놓을 것이다.

아미타불이 있는 곳이 바로 극락세계 아닙니까? 무엇을 하든, 참선이든, 염불이든, 주력이든, 일념을 이루고 그 일념마저 사라질 때, 제법의 실상이 드러날 것입니다. '부처 불(佛)'을 풀면 자각각타

(自覺覺他)입니다. 스스로 깨닫고, 그 깨달음을 바탕으로 다른 사람
도 깨닫게 해 각행원만(覺行圓滿)을 이룰 때, 제도할 부처도 제도
받을 중생도 없는 경지에 이를 것입니다.

발원과 성취

불자님들을 모시고 이 자리에 있게 되니 감회가 깊습니다. 산승은 약 10년 전부터 지리산 칠불사 복원에 집중하느라 제대로 수행 정진을 못했습니다. 그런 연유로 이 자리에 서기를 사양했지만, 공회장님께서 여러 번 말씀하시어 이렇게 오게 되었습니다. 산승은 부산과 아주 깊은 인연이 있습니다. 18살 때 동래 범어사에서 출가하여, 그곳에서 불교를 배우며 여러 해를 지낸 적이 있습니다, 또한 칠불사 복원 과정에서 부산의 불자님들께 물심양면으로 큰 은덕을 입었습니다.

산승은 칠불사를 복원하기 전에 절을 하면서 『법화경』 사경을 한 적도 있고, 오대산 적멸보궁에서 삼칠일 동안 잠을 자지 않고 기도한 적도 있습니다. 오늘은 이러한 경험들을 바탕으로, 불자님들에게 기도에 대해 말씀을 드리고자 합니다.

부처님께서는 "모든 중생에게 불성(佛性)이 있다."고 말씀하십니다. 불성은 본분(本分)이라고도 합니다. 본분도리에서 보면, 이미 성불한 부처도 교화될 중생도 존재하지 않습니다. 다시 말해, 기원할 중생도, 기원을 들어줄 부처도 없습니다. 하지만 현실적으로는 번뇌의 때를 벗은 부처도 있고, 때를 벗지 못한 중생도 있습니다. 때문에 부처님은 대자대비의 원력으로 중생을 생사의 고통에서 구제하는 것입니다. 바로 이러한 원력을 통해 기원이 성취됩니다.

중생은 살면서 자기 뜻대로 이루지 못하는 일이 많습니다. 그럴 때 불가사의한 힘을 가진 불보살님께 기대어 도움을 청하고자 하는 마음이 솟구치곤 합니다. 하지만 그런 상황에 처하지 않더라도, 사람들은 자기 나름대로 기도를 하고 있습니다. 그들의 원하는 바에 따라 그들의 생활이 이루어지기 때문입니다. 예를 들어, 자영업을 하는 사람들의 경우, 작은 목표를 가지고 사업을 하면 평생 작은 사업체만을 운영하게 될 것이고, 큰 원을 세우고 사업을 운영하면 큰 사업가가 될 것입니다. 또 선생님들을 보더라도 각자의 바람에 따라, 초등학교 교사를 원하는 사람은 초등학교 교사가 될 것이고, 대학교 교수를 원하는 사람은 대학교 교수가 될 것입니다.

마찬가지로, 수행자들이 정진하는 과정을 살펴보면, 십선(十善)을 배워 실천하면 인간이나 천상에 태어나는 과보를 받게 됩니다. 사제(四諦)를 배워 실천하면 성문이 되며, 십이인연(十二因緣)을 배워 실천하면 연각이 됩니다. 또한 육바라밀을 배워 실천하면 보살이 되고, 일승(一乘)을 배워 실천하면 부처가 됩니다. 이를 통해 알 수 있는 것은 어떤 원을 어떻게 세우느냐에 따라 사람의 인생이 달라진다는 사실입니다. 따라서 원을 세우고, 그것을 이루고자 하는 노력이 매우 중요합니다.

산승은 절에 들어온 지 약 3년이 지난 후 위장병이 생겼습니다. 물조차 삼킬 수 없을 정도로 증세가 심했습니다. 출가 후 집에 일절 소식을 전하지 않았는데, 주위 사람들이 "네 아버지가 한의사니까 집에 가서 치료를 받고 오너라."고 권유했습니다. 어쩔 수 없이 집에 가니 부친께서 약을 한 재 지어주셔서 복용하던 중, 인근에 있는 칠불사 절터를 가보게 되었습니다. 절은 이미 불타 사라지고 빈터에 잡초만 무성히 자라고 있었습니다. 그런데 절터 구석진 곳에 범어사 선원에서 같이 지냈던 도반 스님이 머물고 있었습니다. "통광 스님이 여기에 어찌 왔는가?"라며 함께 수행하자고 했습니다. 첫 해에는 싸리로 움막을 만들어 그곳에서 기거하며 공부했습니다. 이듬해가 되어서야 아자방 자리에 작은 방을 마련했습니다. 졸릴까 하여 불도 때지 못하고 장좌불와하면서 애써 정진했습니다.

경전에 '오매일여'란 말이 있습니다. 참선을 하든, 염불을 하든, 기도를 하든, 일심으로 공부하면 한결같은 경지에 이를 수 있습니다. 예를 들어, 불철주야 기도를 하다 보면 몸은 피곤하여 잠이 들어도, 정신은 여전히 기도하고 있는 경우가 있습니다. 이 경험을 통해 몸은 생로병사하더라도 변하지 않고 여여한 도리가 있음을 실감할 수 있었습니다. 지금은 칠불사 입구까지 찻길이 나 있지만, 그 당시에는 칠불사에 오고 가는 사람이 없어서 아주 조용했습니다. 감자를 심어 양식을 하고, 여름이 되면 보리를 탁발해가며 공부했습니다.

鋤頭當枕忘世事(서두당침망세사)

每日淸閑自家知(매일청한자가지)

門外客塵任他忙(문외객진임타망)

生死去來吾不干(생사거래오불간)

호미자루 베개 삼아 세상일을 잊으니,

날마다 청한한 것은 내가 알겠더라.

문 밖에 객진번뇌 남겨두고,

나고 죽고 가고 오고 하는 것은 내 알 바 아니더라.

감자 심어 가꾸랴 탁발하러 다니랴 몸은 바쁘나, 마음은 한가한 가운데 염불도 하고, 참선도 하고, 기도도 하며 지냈습니다. 칠불사에서 수행을 지속하니 마음이 맑아지고 밝아지며, 점차 무심하게 되었습니다. 하지만 폐허로 남아 있는 빈터를 볼 때마다 마음이 허전하고, 쓸쓸함을 감출 수가 없었습니다. 이에 법을 전수해주신 탄허 스님께 가서 말씀드렸더니, 스님께서 이렇게 말씀하셨습니다.

"통광 수좌는 칠불사를 아무리 복원하려고 해도 복원할 수 없다.”

“왜 복원할 수 없습니까?”

“수좌의 관상을 볼 때, 얼굴 밑 부분이 빠져서 도저히 복원할 수 없을 테니 계속 경학이나 공부해라.”

시절 인연인지, 그럼에도 불구하고 산승은 칠불사 복원에 대한 생각이 사라지지 않았습니다. 이에 칠불사 복원을 위한 삼칠일 기도를 시작했습니다. 어느 날, 법당에서 기도한 후 좌선하고 있다가 잠시 졸았던 것 같습니다. 그때 꿈속에서 관세음보살님을 뵙고 지극정성으로 기원했습니다.

“관세음보살님, 칠불사 복원을 간절히 바라옵나이다.”

이렇게 기원하며 절을 계속하니, 관세음보살님이 열쇠 꾸러미를 주시면서 말씀하셨습니다.

“네가 아무리 빨리 복원하려고 해도 10년은 넘게 걸릴 것이다.”

꿈에서 깨고 난 후, 산승은 자신을 얻어 1978년부터 본격적으로 칠불사를 복원하기 시작했습니다. 진주에 사는 허수용 거사에게 천만 원을 빌려 기둥으로 쓸 나무를 사고, 문수전 복원을 착수했습니다. 이 이야기를 하는 이유는 관상학적으로나 운명적으로 자질과 역량이 부족하다 할지라도, 간절히 기원하고 노력하면 뜻하는 바가 반드시 이루어진다는 점을 말씀드리고자 하는 까닭입니다.

칠불사는 가락국 김수로왕의 일곱 왕자가 성불한 곳으로, 생문수도량(生文殊道場)이자 율도량(律道場)으로 유명합니다. 조선 선조

18년, 금담 스님과 대은 스님은 해동에 율맥이 끊어진 상황을 안타까워하며, 경전에 의지하여 서상수계(瑞祥受戒)를 받고자 칠불사에서 7일 동안 불철주야 기도를 했습니다. 마지막 날, 대은 스님이 법당으로 들어갔을 때, 불상의 백호에서 한 줄기 상서로운 광명이 나와 스님의 정수리로 향했다고 합니다. 이렇게 서상수계를 받은 대은 스님은 율맥을 금담 스님에게 잇게 하고, 금담 스님은 다선(茶禪)으로 유명한 초의 선사에게 맥을 잇게 했습니다. 이것이 우리나라 보살계 율맥의 전승입니다. 당시 중국에서는 이를 해동 율맥이라 불렀고, 우리나라에서는 길상 율맥 혹은 금담 율맥이라 칭했습니다. 이와 같이 일심으로 기도하면 반드시 성취가 이루어집니다.

기도가 성취될 때 영험을 반드시 경험해야 하는가, 아니면 영험이 없어도 되는가? 이런 의문이 생길 수 있습니다. 기도를 통해 가피를 받는 방식에는 두 가지가 있습니다. 하나는 영험이 나타나 가피를 받는 현가(顯加)이고, 다른 하나는 영험 없이 가피를 받는 명가(冥加)입니다. 앞서 언급한 소승의 꿈이나 대은 스님의 영험은 현가의 사례입니다. 하지만 기도 후 특별한 꿈이나 영험 없이도 가피를 받는 경우가 있습니다. 중요한 것은 영험의 유무가 아니라 원을 세우고 용맹하게 기도하면 가피를 받을 수 있다는 사실입니다.

아미타불께서는 48대원을 세웠습니다. 그중 첫 번째 원은 어떤 중생들이든지 임종할 때 열 번만 나무아미타불을 부르면 모두 극락세계로 인도하겠다는 것입니다. 보현보살도 보살도를 원만히 성취해서 부처님의 과위에 오르겠다고 하는 등의 10대원을 세웠습니다.

그렇다면 이러한 원들은 어째서 성취되는 것일까요? 바로 이 점이 근본 문제입니다. 여기에 오신 불자님들 중에 한 번도 기도를 해보지 않은 분은 아마 없을 것입니다. 기도를 하면 소원이 이루어지는 근거는 두 가지로 말할 수 있습니다.

『화엄경』에 따르면, 부처님의 법신은 우주 법계에 충만합니다. 또한 모든 중생을 교화하여 무여열반에 들게 하겠다는 불보살의 서원 역시 법계에 충만해 있습니다. 그렇기 때문에 중생이 원을 세우고 지극정성으로 불보살의 이름을 염(念)하거나 관(觀)하면, 그 소원은 틀림없이 성취되는 것입니다. 그런데 불보살의 원력이 시방에 충만해 있음에도 불구하고 왜 원이 성취되지 않는 경우도 있을까요? 이것은 마치 달이 맑은 물에 잘 비치지만, 흙탕물에는 잘 비치지 않는 것과 같습니다. 중생의 마음이 번뇌망상과 무명업식에 가려져 있기 때문에 부처님 원력이 그 마음에 잘 드러나지 않는 것입니다.

부처님의 법신은 모든 망념이 완전히 끊어진 자리입니다. 그렇기 때문에 기도를 통해 일념이 되어 망념이 사라질 때 부처님과 통하게 됩니다. 이것은 마치 라디오 주파수를 맞추지 못하면 소리가 잘 들리지 않다가, 주파수를 정확히 맞추면 잘 들리는 것과 같습니다.

조사어록에는 "기도할 때 온갖 반연을 모두 놓아버리고 항상 불보살을 염해야 한다. 반연을 놓아버리지 않고 염하면 불보살과 통하지 않는다."고 했습니다. 중생이 불보살을 감동시킬 때 불보살은 중생의 원에 응해 주십니다. 그러나 간절한 마음이 없으면 불보살을 감동시킬 수 없습니다. 소원이 성취되려면 간절한 기원과 끊임없는 정진이 필요합니다. 불보살과 중생은 말로 통하는 것이 아니라 마음과 마음으로 통하기 때문에, 마음에 딴 생각이 일어나서는 기도가 성취될 수 없습니다. 부처님의 법신은 도처에 충만해 있지만 그것을 수용하지 못하는 이유는 중생의 마음에 번뇌망상이 있기 때문입니다.

어떤 신도님은 열심히 기도했음에도 불구하고 소원이 성취되지 않는 이유를 묻습니다. 그것은 기도가 일심으로 이루어지지 않았기 때문입니다. 예를 들어, 입시철에 기도할 때, 학부모의 마음에 특정 대학에 대한 생각만 계속 일어나 불보살에 대한 일념을 이루지 못해서 소원성취가 이루어지지 않는 것입니다. 오직 일념으로 간절히 기도할 때, 불보살의 자비원력이 중생에게 감응되어 소원이 성취됩니다.

기도해서 소원성취가 이루어지는 또 다른 근거는 부처님께서 성불하신 후 하신 말씀에서 찾을 수 있습니다.

"모든 중생을 살펴보니, 중생은 여래와 똑같은 지혜공덕과 신통묘용을 갖추고 있건만, 망상과 집착 때문에 그것이 드러나지 않는다."

중생은 본래 청정하고 모든 공덕을 갖추고 있지만, 현실에서는 탐·진·치 삼독과 번뇌망상으로 가득 차 있습니다. 참선을 하든, 염불을 하든, 기도를 하든, 일념을 이루어 번뇌망상을 떨쳐내면 부처님과 똑같이 지혜와 신통을 부려 소원을 성취할 수 있습니다.

산승이 칠불사에 처음 갔을 때, 오직 수행에만 몰두하고 있던 중, 어느 날 양식이 모두 떨어졌습니다. 내일은 탁발하러 가야겠다고 생각하고 있었는데, 그 다음날 도반인 우성 스님이 쌀 한 가마를 짊어지고 왔습니다. "스님, 이것이 웬일입니까?"하고 물었더니, 며칠 전 가까이 지내는 한 신도의 꿈에 관세음보살님이 나타나 "통광 스님이 식량이 없어 걱정하고 있으니 쌀을 가져다주어라."라고 하셨다는 것입니다. 이런 경험을 통해 볼 때 일념으로 마음을 맑히면 그것이 현실에서도 통하게 되는 것을 알 수 있습니다.

소원성취를 방해하는 가장 큰 장애물은 의심입니다. 기도하면서 '정말 그렇게 될까?'하고 반신반의하는 경우, 원하는 바를 이루기 어렵습니다. 또 하나의 장애물은 간절함의 부재입니다. 이루고자 하는 목표에 대해 확신을 가지고 간절하게 기도하면, 소원은 반드시 성취됩니다. 앞서 말했듯이 부처님의 법신은 우주에 충만하고, 불보살의 원력은 시공에 두루 펴져 있습니다. 중생이 불보살을 감동시키면, 소원은 틀림없이 이루어집니다.

옛날 진묵 스님은 기도하러 오는 사람이 있으면, 목탁을 치거나 염불을 하는 대신 나한전에 가서 나한님 머리를 톡톡 두드리며 "아무개가 이러이러한 소원이 있다고 하는데, 그 소원이 이루어지게 하시라."고 말했습니다. 그러면 당장 그 소원이 성취되었다고 합니다. 그런데 어느 날, 스님이 출타했을 때 불공을 드리러 온 신도가 "큰 스님이 안 계셔서 불공을 못 드리겠다."고 하자, 스님을 모시던 시자가 "불공은 나도 잘합니다."라고 말하고서는 나한님 머리를 톡톡 두드리며 "저 시주의 소원을 들어주시라."고 말했답니다. 그러자 나한님이 시자를 산 너머에 던져버렸다고 합니다. 진묵 스님이 돌아와 보니 시자가 보이지 않아 관법을 하였더니, 산 너머에서 시자가 울고 있었습니다. 스님은 그를 데리고 온 후 법력 없이 소원성취에 장난을 쳐서는 안 된다고 타일렀답니다.

생사에서 해탈하고 중생을 교화하는 것은 수행자의 서원이므로, 수행자가 하는 모든 일이 기도가 될 수 있습니다. 『화엄경』「정행품」에는 중생이 불보살의 경지에 도달하려고 발원을 할 때 "내가 잘 되려면 먼저 다른 사람이 잘 되어야 한다."는 마음을 내야만 그 발원이 성취된다고 합니다. 같은 이유로, 불교에서는 모든 기도를 "나와 모든 중생이 다겁생에 지은 죄업을 모두 소멸하고, 세세생생에 보살도를 행하여 마침내 성불하게 하소서."라고 마무리합니다.

불교 행사에서는 처음에 삼귀의를 하고 마지막에 사홍서원을 합니다. 삼귀의는 기도의 대상이 불·법·승 삼보임을 밝히는 것이며. 사홍서원은 불자로서 자신이 성취할 목표를 발원하는 것입니다. 삼보에 기도하며 이렇게 다짐합니다.

중생을 다 건지오리다.

번뇌를 다 끊으오리다.

법문을 다 배우오리다.

불도를 다 이루오리다.

이처럼 기도는 단순히 복을 비는 것이 아니라, 나를 포함한 모든 중생을 위한 서원을 세우는 것입니다.

『열반경』에서 부처님은 모든 중생이 다 불성을 가지고 있다고 말씀하셨습니다. 중생은 모두 본래 부처입니다. 하지만 현실에서는 중생은 부처가 아닙니다. 그렇다면 중생이 부처님과 다른 점은 무엇일까요? 바로 그들의 행위가 다릅니다.

자신을 위해 남의 생명을 빼앗는 것이 중생의 행위라면, 자비로써 죽어가는 생명을 살려주는 것이 부처의 행위입니다. 자신만 잘 살기 위해 남의 물건을 훔치는 것이 중생의 행위라면, 남을 위해 자기 것을 아낌없이 보시하는 것이 부처의 행위입니다. 거짓말하는 것이 중생의 행위라면, 진실한 말을 하는 것이 부처의 행위입니다. 부정한 행을 하는 것이 중생의 행위라면, 청정한 행을 닦는 것이 부처의 행위입니다. 또 술 같은 것을 마시고 정신이 혼미해사는 것이 중생의 행위라면, 맑은 정신으로 올곧게 사는 것이 부처의 행위입니다. 만약 어떤 사람이 부처행을 잠깐이라도 한다면 그 잠깐 동안 그 사람은 부처이며, 평생 동안 부처행을 한다면 그는 평생 부처입니다.

조계종에서는 수행 방법으로 참선을 주로 권장하고 있습니다. 참선은 잘만 하면 한걸음에 바로 부처가 되는 수승한 방법이지만, 그 한걸음을 떼는 것이 결코 쉽지 않습니다. 화두참구는 평생 그것에 몰두한 스님들에게는 쉬울지 몰라도, 참선공부를 해보지 않은 신도에게는 그저 스님들이 하는 수수께끼 같은 말로 들릴 수 있습니다. 그렇다고 신도에게 신행 생활, 즉 기도하고, 대중공양하고, 참배하는 등의 일을 그만두고 참선만 하라고 할 수도 없습니다. 더구나 간화선을 해보신 분들은 잘 아시겠지만, 세상 모든 인연을 다 버리고 심산유곡에 앉아 오롯이 화두참구를 해도 깨닫기가 쉽지 않습니다.

참다운 불자로 살아가는 방법은 여러 가지입니다. 참선이 아무리 수승한 수행법이라 해도, 그것만을 최고로 여겨 모든 불자가 반드시 참선해야 한다고 주장하는 것은 옳지 않습니다. 『금강경』에 "범소유상개시허망(凡所有相皆是虛妄)"이라는 말이 있습니다. 부처님의 눈으로 보면 참선이라는 것도 하나의 상에 불과합니다. 마음은 본래 청정한데, 나타날 상이 어디 있겠습니까? 만약 어떤 상이 나타났다면, 그것은 마구니일 뿐입니다. 어떤 수행 방편을 따르든, 불보살을 친견하고 스스로 불보살이 되면 그것이 바로 참된 길입니다.

불보살 친견이라는 말이 나왔으니, 한마디 더 하겠습니다. 가끔 기도나 참선 중에 불보살을 친견했다고 말하는 사람들이 있습니다. 그런데 불보살의 상은 선근공덕으로 인해 나타난 진짜 상도 있고, 마구니가 나타난 가짜 상도 있습니다. 그렇다면 수행 중에 나타난 불보살의 상이 진짜인지 아닌지, 어떻게 구별할 수 있을까요?

『기신론』이나 『능엄경』에 따르면, 진짜 불보살의 상이 나타난 것인지 아니면 마구니가 불보살의 모습으로 나타난 것인지를 구별하는 방법은, 선정을 닦고 있는 사람은 선정을 일심으로 더 닦고, 염불을 하는 사람은 염불을 일심으로 더 해보면 알 수 있다고 합니다. 일심으로 하다 보면 진짜 불보살은 더욱 뚜렷하게 드러나고 가짜인 마구니는 싹 사라지게 된다는 것입니다. 마구니는 본래 망상에 불과하기 때문에, 그것이 마구니인 줄 알게 되면, 사라져서 더 이상 수행자에게 영향을 미치지 못하게 됩니다.

여기 오신 여러 불자님들도 일상생활에서 어떤 어려움이 있든지, 불보살께 원을 세우고 끊임없이 정진한다면 원하는 모든 것이 다 이루어질 것입니다. 나아가 더불어 살고 있는 이 세계가 불국토로 변하여 모든 중생이 평안하게 될 것입니다. 그렇게 되기를 기원하며, 이만 마치겠습니다.

영가 천도

지장보살은 '유명교주 지장보살', '남방화주 지장보살', '대원본존 지장보살'과 같은 명호들을 통칭한 말입니다. 유명교주(幽明敎主)는 유명세계에서 가르침을 펴 중생을 구제하는 분이라는 의미입니다. 여기서 유명세계는 생사윤회의 고리를 끊지 못한 중생이 이승에서의 인연이 다하여 업력에 따라 가는 저승을 가리킵니다. 그 유명세계의 교주로 계시는 분이 바로 지장보살입니다.

남방화주(南方化主)는 지장보살이 남섬부주를 교화하는 분이라는 뜻입니다. 수미산을 중심으로 동서남북에 각각의 세계가 있는데, 그 중 남쪽에 있는 세계를 '남염부주' 혹은 '남섬부주'라고 합니다. 이 남섬부주에 중생이 살고 있다고 합니다. 석가모니 부처님께서 열반에 드시고, 미래의 부처님인 미륵불은 56억 7천만 년 후에 이 세상에 출현하실 예정입니다. 미륵불이 출현하시기 전까지 남섬부주에서 고통받는 중생을 구제하시는 분이 지장보살입니다.

대원본존(大願本尊)은 '한 중생도 남김없이 다 제도하고 나서 불과에 오르겠다.'는 큰 원을 세우신 분이 바로 지장보살이라는 의미입니다. 지장보살의 위신력은 갠지스강의 모래 수만큼 많은 겁 동안 찬탄해도 부족할 정도로 광대하다고 전해집니다. 따라서 지장보살의 명호를 부르면 선망부모와 유주무주의 모든 영가들을 극락세계로 인도하고자 하는 발원이 다 성취가 된다고 합니다.

지장전에 모셔져 있는 지장보살은 대비원력을 세워 지옥에서 고통받는 중생을 제도하시는 분입니다. 지장보살상을 보면, 지팡이를 짚고 손에 마니주를 들고 있습니다. '마니'는 범어로, 여의(如意)를 의미합니다. 이 때문에 마니주는 '여의주'라고도 불리며, 불성을 상징합니다. 지장보살이 손에 마니주를 들고 있는 것은, 비록 지옥 중생이라 하더라도 본성상은 다 부처라는 것을 보여주기 위한 것입니다. 따라서 원을 세우고 정진하면, 육도의 모든 중생, 심지어 지옥 중생도 성불할 수 있습니다. 다만, 무시이래의 업식으로 인해 중생은 스스로가 본래 부처임을 알지 못할 뿐입니다.

幾回提起親分付(기회제기친분부)

暗室兒孫向外看(암실아손향외간)

몇 번이나 친히 들어 보였건만,

어둠 속에 살고 있는 중생들은 밖에서 찾고 있더라.

　마니주는 무색투명하여 빨간 것이 가까이 오면 빨갛게, 노란 것이 가까이 오면 노랗게 색이 변합니다. 지장보살은 마니주로 중생을 비추어 그 근기를 알아보시고, 각자의 근기에 맞추어 설법하여 제도하십니다. 부처님의 법신은 삼계에 충만하지만, 자기 자신이 부처임을 깨닫는 것이지, 다른 어떤 존재가 자신을 부처로 만들어 주는 것은 아닙니다. 지옥에서 고통받는 중생도 예외가 아닙니다. 지옥중생이라 하더라도 한 생각을 돌이키면 자신이 본래 부처임을 자각할 수 있습니다.

　고봉 선사의 『선요』에 "산하대지가 모두 다 성불한다."는 말이 있습니다. 자기가 미혹하면 삼천대천세계가 모두 사바세계이고, 자기가 깨달으면 사바세계 전체가 그대로 화장세계입니다. 본분도리에서 보면, 중생은 수행을 해서 부처가 되는 것이 아니라 본래부터 이미 부처입니다. 부처란 말은 범어 buddha의 음사로, '깨달은 분'이라는 의미입니다. 한 생각 돌이켜 깨달으면, 그것이 바로 돈오(頓悟)이고 바로 돈수(頓修)입니다.

　지장보살은 한 중생도 남김없이 모두 제도할 때 비로소 성불하겠다고 서원하신 분입니다. 때문에 조상을 천도하여 왕생극락을 바랄 때, 그분께 의지합니다. 극락세계는 아홉 가지로 나뉩니다. 우선, 하품하생은 생사의 업을 지닌 채 태어나는 곳입니다. 아미타불께서 성불하기 전, 법장비구로 있을 때 48가지 서원을 세우셨습니다. 그 서원 중 하나는 "어떠한 중생이라도 임종할 때 아미타불을 10번만 부르면 내가 극락세계로 인도하겠다."는 것입니다.

　근래 해인사에 '불(佛)'자를 잘 쓰는 학영 스님이 있었습니다. 어느 날, 그 스님이 시자에게 "오늘 나는 먼 길을 떠나려 한다. 죽 한 그릇 쑤어 오너라."고 말한 후, 쑤어 온 죽을 맛있게 드시고 나무아미타불을 10번 부르고 입적했다고 합니다. 이러한 방식으로 가는 극락세계가 하품하생입니다. 그 위의 단계에는 하품의 중생과 상생, 중품의 하생, 중생, 상생, 그리고 상품의 하생, 중생, 상생이 있습니다.

　최고의 윗 단계인 상품상생은 견성오도를 해야만 갈 수 있는 국토입니다. 당나라 연관 선사가 어느 절의 주지로 있을 때, 어느 날 염라국에서 염라대왕이 보낸 사자가 찾아왔습니다. 사자는 검은 옷을 입고 척 나타나서, "스님! 갑시다."라고 말했습니다. 선사가 "어디로 가느냐?"고 묻자, "어디는 어디요. 염라국이지."라고 퉁명스럽게 대답했습니다. 그러자 연관 선사가 "내가 스님들 시봉하느라 한시도 제대로 공부해 본 적이 없습니다. 일주일만 말미를 주면, 그동안 마음껏 공부해 보고 싶습니다."라고 간청했습니다. 사자는 "내 맘대로 할 수 없고, 염라대왕께 가서 말씀드리고 허락을 받으면, 일주일 후에 올 것이요."라고 말하고 떠났습니다. 연관 선사는 그 후 모든 것을 다 잊고, 오직 일념으로 화두를 참구했습니다. 그런데 일주일 후, 사자가 다시 찾아왔을 때, 연관 선사는 이미 견성오도하여 잡아갈 수가 없었다고 합니다. 이처럼 상품상생은 스스로 고요함에 드는 경지입니다.

　예전 용성 스님께서 『임종결』이라는 책을 지어 보급한 적이 있습니다. 이 책에 따르면 수행자들 가운데 숨이 넘어가는 순간 견성하는 분들이 많다고 합니다. 삶이 무상함을 절실하게 느껴야 도를 이룰 수 있습니다. 사람은 생로병사하며, 자연은 생주이멸하고, 심지어 우주도 성주괴공합니다. 이 세상에 존재하는 모든 것은 변합니다. 사람은 만나면 언젠가는 헤어지기 마련이고, 태어나면 언젠가는 죽게 됩니다. 그렇다면 영원한 것은 무엇일까요? 변하는 삶 가운데 생멸하지 않는 도리가 있습니다. 수행자는 바로 그 도리를 추구하는 사람입니다.

조사어록에 있는 구절을 하나 소개하겠습니다. 잘 음미하시고 한 생각 돌이켜서 깨달으시기 바랍니다. 우리가 이 세상에 태어날 때, 어디에서 왔는지 한번 가만히 생각해 보십시오. 어록에는 "나고 죽음이 큰일이다."고 말합니다. 분명히 오기는 왔으나, 어디에서 왔는지는 알 수가 없습니다. 이렇게 살아가다가 인연이 다하면 죽게 됩니다. 하지만 떠날 때 어디로 가는지 알 수 없습니다. 우리는 사실 온 곳도 모르고 갈 곳도 모릅니다. 옛날 조사는 인생을 구름에 비유합니다.

生也一片浮雲起(생야일편부운기)

死也一片浮雲滅(사야일편부운멸)

태어남은 한 조각 구름이 일어나는 것 같고,

죽음은 한 조각 구름이 사라지는 것과 같다.

근본당처에서 보면, 중생은 태어난 적이 없고, 난 적이 없으므로 죽음 또한 없습니다. 구름이 아무리 일어나거나 사라진다고 해도, 허공이 언제 생긴 적이 있으며 사라진 적이 있습니까?

獨有一物常獨露(독유일물상독로)

湛然不隨生死也(담연불수생사야)

홀로 한 물건이 있어 항상 드러나 있고,

청정하고 고요해서 나고 죽음을 따르지 않는다.

그러면 이 게송에서 말하는 '한 물건'은 무엇일까요? 눈이 있으니 보고, 귀가 있으니 듣지만, 눈과 귀가 생기기 이전에 무엇이 보고 무엇이 듣는 것일까요? 한번 가만히 살펴보시기 바랍니다. 그 자리를 깨달을 때 태어나도 본래 태어남이 없고 죽어도 본래 죽음이 없는 도리를 알 수 있습니다. 이러한 도리를 백장 선사는 다음과 같이 밝힙니다.

靈光獨露(영광독로)

逈脫根塵(형탈근진)

體露眞相(체로진상)

不逐皆緣(불수개연)

眞性無染(진성무염)

本自圓成(본자원성)

但離妄緣(단리망연)

卽如如佛(즉여여불)

신령스러운 광명이 홀로 드러나

육근, 육진에서 멀리 벗어나 있다.

자체로 참 모습을 드러내

모든 인연과 아무런 관계가 없다.

참된 성품은 물듦이 없고,

본래 스스로 원만히 이루어져 있다.

다만 허망한 생각만 여의면

곧 여여한 부처이다.

이렇게 이야기하고 이야기를 듣는 그 자체를 여실히 알게 될 때, 생사에서 해탈하여 대자유인이 될 수 있습니다.

그렇다면 영가천도는 무엇일까요? 영가천도란 다른 것이 아니라, 영가가 스스로 허망한 생각을 버리고 대자유인이 되도록 하는 것입니다.

다선일미(茶禪一味)

차는 마시는 사람의 마음을 맑고 평온하게 해줍니다. 이러한 효능 때문에 수행자들은 혼침과 산란을 없애기 위해 평소 차를 선호하게 되었습니다. 사실, 다도와 선수행은 본질적으로 다르지 않습니다. 선사들이 자주 언급하는 '백초시불모(百草是佛母)'라는 말이 있습니다. 이 말은 '온갖 풀이 부처의 어머니'라는 뜻으로, 다도가 곧 수행임을 암시합니다.

나옹 스님이 오대산 북대에서 머물고 있을 때 일어난 일입니다. 당시 중국의 사신이 고려의 진정한 도승을 찾기 위해 국경을 넘으며 만나는 스님마다 "무엇이 최초불(最初佛)입니까?"라는 질문을 던졌습니다. 그러나 아무도 그 질문에 명쾌한 답을 하지 못하였습니다. 마침내 나옹 스님에게 같은 질문을 하자, 질문이 끝나기도 전에 스님은 답했습니다.

“三星下半月(삼성하반월)”

별 세 개 아래에 반달을 그리면 ‘심(心)’자가 됩니다. 이 말은 최초의 부처님이 별도로 존재하는 것이 아니라, 지금 이 순간 나에게 묻고 있는 그대의 마음이 바로 부처라는 뜻입니다.

깨달은 안목으로 바라보면 두두물물은 진리를 품고 있지 않는 것이 없습니다. 조선시대 허응 보우(虛應普雨) 스님은 한 스님의 영전에 차를 올리며 다음의 게송을 읊었습니다.

茶卽是心心卽茶(다즉시심심즉다)

離茶無地露眞心(이다무지로진심)

若向此中常一碗(약향차중상일완)

了知無物不自心(요지무물부자심)

차가 곧 마음이고 마음이 바로 차다.

차를 떠나 참마음을 드러낼 데가 없다.

만약 여기서 차를 한 사발 맛보면

어느 물건이고 자기 마음 아닌 것이 없음을 알 것이다.

삼라만상, 우주만유가 진리를 드러내 보이고 있습니다. 어찌 차를 마시는 것이 도가 아니라 할 수 있겠습니까? 당연히 다선불이(茶禪不二)요, 선다일여(禪茶一如)입니다. 차를 마시는 행위가 곧 진여본성을 드러내 보이는 것입니다.

초의 선사의 『선문사변만어』에는 '살활변(殺活辨)'에 대한 다음과 같은 예화가 있습니다. 단오 날, 문수보살이 선재동자에게 "약초 아닌 것을 캐 오너라."라고 심부름을 시켰습니다. 선재는 종일 산을 헤매고 다닌 후, 돌아와서 "약초 아닌 풀은 하나도 없습니다."라고 대답했습니다. 이에 문수보살은 "그렇다면 약초를 캐 오너라."라고 일렀습니다. 선재는 발 앞에 있는 풀을 하나 캐서 올렸습니다. 문수보살은 그 풀을 들고 대중에게 말했습니다.

"이 풀은 사람을 살릴 수도 있고, 죽일 수도 있다."

선가에서는 살(殺)과 활(活)을 부정과 긍정의 개념으로 사용합니다. 예를 들어, "살불살조(殺佛殺祖)"라는 표현이 있습니다. 글자 그대로 해석하면, "부처도 죽이고 조사도 죽인다."라는 의미입니다. 『율장』을 보면, 부처님 몸에 상처를 내는 것만으로도 오역죄에 해당되어 무간지옥에 떨어집니다. 하물며 부처님을 죽인다는 것은 상상할 수도 없습니다. 그러나 여기서 말하는 '살불'은 '부처를 죽인다.'라는 뜻이 아니라, 부처라는 고정된 소견을 없앤다는 의미입니다. 즉, '살(殺)'은 모든 언어와 생각을 부정하는 것이고, 반대로 '활(活)'은 모든 것을 있는 그대로 긍정하는 것입니다.

나아가 선가에서의 '살'은 대기(大機)를, '활'은 대용(大用)을 지시합니다. 대기를 말할 때 대용이 따르고, 대용을 말할 때 대기가 따르는 것을 이른바 '대기원응대용직절(大機圓應大用直截)'이라 표현합니다. 이 표현은 풀 한 포기에도 대기와 대용이 겸해 있다는 뜻입니다. 이러한 맥락에서 선과 차는 일여(一如)이며 불이(不二)입니다.

앞서 언급한 문수보살과 선재동자의 일화는 표면적으로는 평범한 이야기일 수 있지만, 그 속에는 만물이 하나이며 평상심이 곧 도라는 반야의 지혜가 감추어져 있습니다. 문수보살과 선재동자의 대화는, 지금 이 자리의 나 자신이 바로 부처임을 깨닫지 못한 채, 밖에서 부처를 찾아 헤매는 중생의 어리석음을 여실하게 보여주는 한편, 살과 활에 자재한 보살의 진면목을 잘 보여줍니다.

차는 인류가 최초로 마시기 시작한 기호식품으로 알려져 있습니다. 중국 고대의 전설적인 인물인 염제(炎帝) 신농씨(神農氏)가 온갖 풀을 맛보아 식용과 약용, 그리고 독초로 구분하던 중, 차에 해독작용이 있음을 발견하고 이를 널리 보급했다고 합니다. 이 전설에서 시사하는 바와 같이, 다도는 중국에서 시작되어 우리나라에 전해졌습니다.

한반도에 차가 처음 전래된 시기는 정확히 알 수 없습니다. 다만 『삼국사기』에 신라 선덕왕(632~647) 때 차를 마셨다는 기록이 있는 것으로 보아, 그 이전에 차가 전해졌다고 추정할 수 있습니다. 현재 남아 있는 기록으로는 흥덕왕 3년(828년) 당에 사신으로 갔던 김대렴(金大廉)이 차의 씨앗을 가지고 돌아와 왕명으로 지리산 남쪽에 심었다고 합니다. 또한, 가락국 시조 수로왕의 왕비 허황옥이 인도 아유타국에서 차의 씨앗를 가지고 왔다는 설이나, 차나무가 한반도에 자생하고 있었다는 설도 있습니다. 어쨌든 확실한 점은 신라 말기 무렵 차가 이미 널리 애용되고 있었다는 사실입니다.

고려시대에는 불교의 융성과 함께 차문화도 크게 발전하여 민간에까지 널리 퍼졌습니다. 다도가 일상다반사(日常茶飯事)가 되었던 것입니다. 그러나 조선시대에는 억불숭유정책으로 불교가 쇠퇴하면서 차문화도 일부 사원에서만 겨우 명맥을 유지하였습니다. 후기에 이르러서야 초의 선사와 같은 다인의 등장으로 잊혀져가던 차문화가 새롭게 부흥했습니다.

초의 선사의 성은 안동 장 씨이고, 이름은 의순(意恂)이며, 자는 중부(中孚)입니다. 법호가 초의(艸衣)입니다. 그 외에도 해옹(海翁), 해노사(海老師), 자우선방(紫芋山房), 휴암병선(休菴病禪), 자하도인(紫霞道人), 우사(芋社), 해상야질인(海上也耋人), 일지암(一枝庵) 등 여러 별호로 불렸습니다. 전라남도 무안에서 태어나, 15세에 남평 운흥사로 출가하여 벽봉 민성(碧峰敏性) 스님의 상좌가 되었고, 19세 때 해남 대흥사에서 완호(琬虎) 스님을 계사로 구족계를 받았습니다. 22세부터는 제방의 선지식을 참방하며 탁마한 끝에 연담 유일(蓮潭有一) 선사에게서 선지를 이어받고, 칠불사에서 서상수계한 대은 율사와 금담 율사의 계맥을 계승하였습니다.

초의 선사는 불교뿐만 아니라 유교와 도교 등 다양한 학문에도 조예가 깊었습니다. 다산 정약용, 추사 김정희 및 자하, 신위, 홍석주 같은 문사들과 폭넓은 교류를 하면서 종교적, 학문적 관심사에 대해 활발히 토론을 했습니다. 그중에서도 추사와의 교유는 특히 각별했습니다. 두 사람은 동갑내기로, 서로를 높이며 깊은 우정을 나누었습니다. 추사가 제주도에 유배될 때, 초의 선사는 추사에게 손수 법제한 차를 보내주었고 이에 추사는 답례의 서한을 보냈습니다. 42년간의 깊은 우정을 나누다 1856년 추사가 과천 청계산에서 세상을 떠나자, 초의 선사는 그의 영전에 제문을 지어 올렸습니다.

초의 선사는 43세인 1828년, 칠불사에서 『다신전』을 등초(謄抄)하였고, 45세에 이를 정서(正書)하였습니다. 『다신전』은 초의 선사가 아자방에서 참선수행을 하던 중, 청의 모환문(毛煥文)이 엮은 『만보전서』속 『다경채요』에서 발췌한 내용을 바탕으로, 찻잎의 채취에서부터 마시는 법, 위생 관리에 이르기까지 한국 녹차의 특성을 반영하여 저술한 책입니다.

또한 초의 선사는 52세에 우리나라 다도의 교과서이자 다경(茶經)으로 자리매김한 『동다송』을 지었습니다. 『동다송』은 진도 부사 변지화가 다도에 관해 한 질문을 선사가 시로 대답한 것입니다. 이 책은 차의 효능, 생산지에 따른 차의 명칭과 품질, 다도의 구체적인 내용을 선사 특유의 아름다운 문장으로 담아내고 있습니다. 특히 초의 선사는 이 절창(絕唱)을 통해 국산 차가 색(色), 향(香), 기(氣), 미(味)에서 중국산 차에 결코 뒤지지 않는다고 찬탄하며, 그 중에서도 지리산 화개가 최적의 차나무 생육지라고 평가하고 있습니다.

초의 선사가 다도만을 선양하는 데 그쳤다면 굳이 불교계의 관심을 끌 이유는 없을 것입니다. 그의 대표적인 저술인 『선문사변

만어』에서 보여주듯, 선사의 선사상은 침체된 조선 후기 불교계에 신선한 바람을 일으켰습니다. 초의 선사는 선의 요의를 '이선래의', '격외의리변', '살·활', '진공묘유변'으로 정립하고, 백파(白坡)의 삼종선 논지를 공박하였습니다. 이러한 선사의 논변은 조선 후기에 큰 파장을 몰고 왔으며, 이후 한국 불교계에 커다란 논쟁의 불씨를 제공하였습니다.

진정한 기도

열반에 이르는 길은 단 하나만 있는 것이 아닙니다. 참선을 통해 열반에 이를 수도 있고, 경전공부를 통해 열반에 이를 수도 있습니다. 마찬가지로 기도를 통해서도 열반에 이를 수 있습니다. 산승은 칠불사 복원을 시작하기 전에, 원을 세우고 천 일 동안 간절히 기도한 경험이 있습니다. 이 경험을 바탕으로, 기도를 통해 열반에 이르는 길에 대해 이야기해 보겠습니다.

부처님은 모든 중생에게 불성이 있다고 말씀하셨습니다. 이 말씀은 모든 생명체가 다 본래 부처라는 뜻입니다. 불성 자리는 본분이라고도 하는데, 본분은 원래 청정합니다. 그 자리에서는 교화를 할 부처도 없고 교화를 받을 중생도 없습니다. 그러나 본분이 무엇인지를 깨달아야 비로소 무한한 능력이 생깁니다. 불보살의 가피력은 깨달음을 통해 생깁니다. 때문에 깨닫지 못한 사람은 이미 깨달은 불보살에게 의지하여 생사의 고통에서 벗어나려는 원을 세울 수밖에 없습니다. 바로 이러한 이치에 따라 기원(祈願)이 이루어집니다. 기원은 기도(祈禱)라고도 하고, 기청(祈請)이라고도 합니다.

세상을 살다 보면 뜻대로 이루어지지 않은 일이 많습니다. 그럴 때 불가사의한 힘을 지닌 불보살의 가피에 기대어 도움을 청하고자 하는 마음이 일어납니다. 기도는 자기 자신의 능력이 한계에 부딪혔을 때 그것을 넘어 뜻한 바를 이루고자 불보살께 원을 세우는 것입니다. 사람은 누구나 이루고자 하는 목표가 있을 때, 그 목표가 자신의 힘만으로는 이루기 힘든 경우, 늘 기도하며 살아갑니다. 중요한 것은 무엇을 목표로 정하느냐 입니다.

산승은 지리산 골짜기에서 태어났는데, 부친은 한학자였습니다. 출가하기 전부터 부친에게서 한학을 배우며 자랐습니다. 출가 후에는 여러 대덕 스님들로부터 경론과 선어록을 배운 후, 전생의 인연인지 칠불사에 머물게 되었습니다. 칠불사는 국내에서 해발 고도가 자장 높은 곳에 자리한 절 가운데 하나입니다. 산승이 칠불암에 갔을 때는 빨치산 토벌작전 중에 사찰이 전소되어 빈터만 남아 있었습니다. 그곳에서 범어사 선원에서 함께 안거하던 혜광 스님과 함께 움막을 짓고, 감자를 심거나 인근 마을에서 보리를 탁발해 가며 정진했습니다.

그러던 어느 날, 칠불사를 이대로 바람 속에 묻어두어서는 안

되겠다는 생각이 문득 들었습니다.

"예전에 손꼽히는 수행처였던 칠불사를 다시 일으켜 수행의 요람으로 만들어야겠다. 만약 여기서 중생을 제도할 큰 그릇들이 배출된다면, 부처님의 은혜를 조금이라도 갚는 길이 될 것이다."

하지만 출가한 지 그리 오래되지 않은 산승에게는 그저 발원일 뿐, 그 일을 이룰 만한 힘이 없었습니다. 그럼에도 불구하고 산승은 물러서지 않았습니다. 불보살의 가피에 기댈 수밖에 없다고 생각하고, 천일기도에 들어갔습니다. 지극한 발원으로 낮에도 기도하고, 밤에도 기도하며, 감자밭을 일구면서도 기도하고, 심지어 잠결에서도 기도했습니다.

그 무렵, 범어사에서 친하게 지냈던 도반 스님이 견성오도했다고 하여, 그 법열을 게송으로 읊어 인편으로 보내왔습니다.

어느 부처 어느 조사가 만법을 설했느냐.
이법(理法)이니 사법(事法)이니 누가 차별했으며,
불법(佛法)이니 세법(世法)이니 누가 구별했느냐.
모두 놓아버리면 활활 자재한 해탈인인 것을.

마음의 분별망상을 버리면 그곳이 바로 본분자리라는 내용이었습니다. 산승은 이에 다음의 게송을 답신으로 보냈습니다.

無孔笛中出妙音(무공적중출묘음)

音音圓成太平曲(음음원성태평곡)

山山水水各完然(산산수수각완연)

放下甚麼取何物(방하심마취하물)

구멍 없는 피리 속에 묘한 음성 울려 퍼지니

소리마다 태평곡을 이루었네.

산은 산, 물은 물, 각각 완연한데

무엇을 놔버리고 무엇을 취한단 말인가.

중생의 본성은 본래 청정하고 태평하여, 무엇을 버리고 무엇을 취할 필요가 없습니다. 우주만유 그대로가 진여자성을 현현하므로, 중생의 삶 또한 본래 청정하고 태평합니다. 일념으로 염불에 정진하다 보니, 참선에서와 마찬가지로 마음이 맑아지고 밝아지는 경험을 하게 되었습니다.

장장 3년에 걸친 기도를 마친 후 주유하던 중, 오대산에 계시던 탄허 스님을 만났습니다. 그때 칠불사 복원에 대해 말씀드리자, 스님은 "통광 수좌는 아무리 애를 써도 칠불사를 복원할 수 없을 것이다."라고 단언했습니다. "왜 그렇게 생각하십니까?"하고 묻자, "수좌의 얼굴은 아래쪽이 빠져서 재복이 없다. 복원불사 같은 일은 해낼 수 없으니 그 일 할 생각 그만하고 경학공부를 하라."고 말했습니다.

오늘날 되돌아보면, 탄허 스님의 관상학적 소견에도 불구하고, 여러모로 부족한 산승이 칠불사 복원 불사를 이루어낸 것은 순전히 기도의 힘 덕분이었습니다. 비록 타고난 재주가 부족하더라도 하고자 하는 바를 이루기 위해 간절한 마음으로 기도하면, 이루지 못할 일은 없습니다. 어느 날 기도 중에 깜박 졸았던 적이 있었습니다. 꿈속에 관세음보살님이 모습을 나투시기에 보살님께 간청했습니다.

"보살님! 칠불사 복원불사를 꼭 이루고 싶습니다. 어떻게 하면 이룰 수 있을까요?"

그때, 관세음보살님은 산승에게 열쇠 꾸러미를 주시며 말씀하셨습니다.

"하나하나 하다 보면 이루어질 것이다. 조급하게 생각지 말아라. 그대가 아무리 서둘러도 10년 넘게 걸릴 것이다."

꿈에서 깨어나니, 관음보살님과의 만남이 마치 눈앞의 현실처럼 선명하게 느껴졌습니다. 이에 산승은 망설이지 않고 진주에 사는 허수용 거사에게 돈을 빌려 목재를 구입하고, 중창불사를 시작했습니다.

중창불사는 생각보다 훨씬 어려웠습니다. 공사 대금으로 지불해야 할 금액이 모자랄 때가 한두 번이 아니었고, 많은 경우에는 그 돈을 마련할 방법조차 없었습니다. 그러한 상황에서 산승이 기댈 수 있는 것은 불보살의 가피뿐이었습니다. 산승은 불사를 완수하기 위해 일심으로 기도하였습니다. 그때마다 신기하게도 전혀 예상치 못했던 분들로부터 도움의 손길이 왔습니다. 그분들은 칠불사 중창에 쓰라고 거금을 보시하면서, 한결같이 "꿈에 관세음보살님이 나타나 칠불사를 도와주라고 하셨다.”고 했습니다. 이렇게 해서, 여러모로 부족한 산승이 18년이라는 긴 세월 끝에 칠불사 복원불사를 마무리할 수 있었습니다.

칠불사는 가야국 시조 김수로왕의 일곱 아들이 수행하여 성불한 곳입니다. 아자방과 운상선원이 있어 전국 제일의 참선 도량으로 알려져 있습니다. 이곳에서 서산 대사를 비롯한 많은 수행자가 견성성불의 큰 뜻을 세웠으며, 조선 후기에는 초의 선사가 아자방에서 수행하는 동안 『다신전』과 『동다선』을 집필했습니다. 또한 근현대에도 칠불사에서 용성, 금오, 서암 스님 등 눈 푸른 납자들이 모여 정진하였습니다.

칠불사는 참선도량으로서 이름난 곳일 뿐만 아니라, 한 동안 단절되었던 해동 계맥을 이어 살리고 그 전통이 오늘에 이르게 한 발원지입니다. 이능화의 『조선불교통사』에서 그 대목을 간추려 보면 다음과 같습니다.

“영암 도갑사(道岬寺)의 대은 낭오(大隱朗悟) 화상이 그의 스승 금담 장로(金潭長老)와 더불어 계학(戒學)이 실전상태(失傳狀態)에 놓인 실정을 개탄하고, 순조 26년(1826년) 7월 보름 해제 후, 하동 칠불암 아자방에서 서상수계(瑞祥受戒)할 것을 서원하고 7일간의 걸계기도(乞戒祈禱)를 봉행하던 중, 7일째 되던 날 한 줄기 서광이 대은 스님의 정수리에 흘러내리거늘, 이를 본 스승 금담 스님이 이르기를 ‘나는 오직 법을 위함이요, 사자(師資)의 서열에는 구애받지 않는다.’고 말하고, 곧 상좌인 대은을 전계사(傳戒師)로 하여 보살계와 비구계를 받았다.”

서상수계란 상서로운 기운 속에서 부처님으로부터 계를 받는 것으로, 대승 계율의 근본인 『범망경』에 “천리 안에 계를 줄 스승이 없으면 부처님께 기도하여 서상(瑞祥)을 받으면 계체(戒體)가 성립되어 부처님께 계를 받는 것이 된다.”는 가르침에 근거한 것입니다. 한국불교의 계맥은 자장 율사 이래 이어져 왔으나, 조선 시대에 그 계맥이 끊어진 상태였습니다. 이를 개탄한 대은 스님과 금담 스님은 서상수계를 함으로써 해동 계맥을 되살렸습니다. 그후, 금담 스님은 초의 스님에게, 초의 스님은 범해 스님에게, 범해 스님은 선곡 스님에게, 선곡 스님은 용성 스님에게 계맥을 전하여 오늘에 이르게 되었습니다. 해동 계맥을 되살린 것은 모두 대은 스님과 금담 스님의 7일간 밤낮을 잊고 행한 간절한 기도 덕분이었습니다.

기도와 관련하여 불자님들이 자주 궁금해 하고 묻는 질문이 있습니다. 기도를 하다 보면 관세음보살님이 현몽하거나, 대은 스님의 경우처럼 한 줄기 상서로운 빛이 비추는 현상이 있습니다. 이러한 신이한 일이 있어야만 기도가 성취되는 것일까요? 사실은 그렇지 않습니다. 경전에 보면, 기도의 가피에는 현가(顯加)와 명가

(冥加)로 구분됩니다. 현가는 불보살이 현신하여 수기나 가피를 주는 것입니다. 대은 스님의 정수리에 서상이 나타난 것도 그 예입니다. 산승이 꿈에 관음보살님으로부터 열쇠 꾸러미를 받은 것도 현가입니다. 반면, 기도를 일심으로 해도 아무런 징험도 없지만 그럼에도 소원하던 일이 이루어지는 경우가 있습니다. 이를 명가라 합니다. 절에서 축원할 때 기원하는 것도 바로 이러한 명가입니다.

그렇다면 기도를 하면 왜 소원이 성취되고 발원한 것이 이루어지는 걸까요? 사실 사람들은 특별히 기도라는 형식을 빌리지 않더라도 누구나 마음속으로 기도하며 살고 있습니다. 다만, 마음속 기원이 간절하고 바라는 마음가짐이 순수할 때에만 소원이 이루어집니다. 그 이유는 무엇일까요?

첫째, 부처님의 법신(法身)이 법계에 충만한 까닭입니다. 일찍이 불보살이 모든 중생을 제도하려는 원을 세웠으므로, 법신이 우주에 충만하다는 것은 곧 불보살의 대원이 우주에 충만하다는 것과 같습니다. 누구든지 원을 세우고 지극정성으로 불보살을 염하면, 틀림없이 원하는 바가 이루어집니다. 하지만 어떤 사람들은 기도해도 소원이 이루어지지 않는 경우가 있습니다. 이것은 마치 달이 천 개의 강에 비치다가도 물이 흐린 강에는 비치지 않는 것과 같습니다. 번뇌망상이 왕성한 사람은 불보살과 통하기 어렵습니다. 법신은 모든 망념이 끊어진 자리입니다. 망념이 끊어지고 마음이 맑아질 때, 비로소 부처님과 통하게 되어 기도가 성취됩니다. 그러므로 기도가 이루어지지 않는다고 조급하게 굴기보다는, 먼저 번 뇌망상을 없애는 노력이 필요합니다.

조사어록에 '만연도방하(萬緣都放下)'라는 말이 있습니다. 일체의 반연을 내려놓으라는 뜻입니다. 기도에서도 마찬가지입니다. 일체의 반연을 내려놓고, 지극하고 간절한 마음으로 불보살을 염해야 합니다. 중생이 불보살을 감동시키면, 불보살은 응해주십니다. 불보살을 감동시키기 위해서는 마음이 청정해야 하며, 마음이 청정하기 위해서는 인내심이 필요합니다. 간절한 마음으로 거듭거듭 기도하다 보면, 소원은 저절로 성취됩니다.

어느 절에서 젊은 스님이 땔나무를 하러 산에 갔다가 큰 나무가 쓰러지는 바람에 그만 깔려 죽게 되었습니다. 그 스님이 죽자, 평소 친하게 지내던 두 도반 스님이 시달림을 했습니다. 죽은 스님의 혼이 들으니, 한 스님은 목탁을 두드리며 염불을 하는데 "은행나무 바리때는 내 것이다. 은행나무 바리때는 내 것이다."라고 하고 있고, 다른 스님은 요령을 흔들며 "불교사전은 내 것이다. 불교사전은 내 것이다."라고 하고 있었습니다. 세 스님은 친한 도반이었지만, 한 스님이 죽자 나머지 두 스님은 각자 그가 가지고 있던 은행나무 바리때와 불교사전을 마음속으로 탐내고 있었던 것입니다. 죽은 스님은 "부처님의 은혜를 하나도 갚지 못하고 죽고 마는구나. 되살아나면 반드시 견성성불하리라."라고 마음먹고 일심으로 기도했더니 불보살이 감동하여 그를 되살려 놓았습니다. 반면, 목탁을 치고 요령을 흔들며 바리때와 불교사전을 탐했던 두 도반은 번뇌가 생겨 소원을 이루지 못했습니다. 기도는 반드시 기도하는 사람의 마음이 청정해야 소원이 성취됩니다.

간절한 마음으로 기도하면 소원성취가 되는 두 번째 이유는 모든 중생에게 부처님과 똑같은 지혜공덕과 신통묘용이 갖추어져 있기 때문입니다. 석가 세존께서 성도 후, "일체중생을 살펴보니 모두가 부처와 똑같은 지혜공덕과 신통묘용을 갖추고 있는데, 다만 번뇌망상과 집착 때문에 그것들이 드러나지 않을 뿐이다."라고 말씀하셨습니다. 중생의 본래자리는 청정하고 모든 것을 구족하고 있습니다. 그러나 지혜와 신통이 드러나지 않는 이유는 탐·진·치 삼독에 가려져 있기 때문입니다. 일심으로 기도하면 삼독이 소멸되어 본래 갖추고 있던 지혜공덕과 신통묘용이 드러나, 소원을 성취할 수 있습니다.

산승이 칠불사에 있을 때의 일입니다. 도반과 함께 참선 중, 쌀이 떨어졌습니다. "내일은 탁발하러 가야겠구나."하고 있는데, 평소 알고 지내던 스님이 쌀가마니를 짊어지고 왔습니다. 후에 그 연유를 들으니, 인근 마을의 한 신도가 꿈에서 관세음보살님을 뵙고, "칠불사에 식량이 떨어졌으니, 쌀을 가져다주어라."는 말씀을 들었다고 합니다. 이처럼, 진심으로 염원하면 마음이 서로 통하게 되어 있습니다.

하지만 모든 기도가 반드시 성취되는 것은 아닙니다. 의심을 품고 기도하면 그 기도는 결코 성취되지 않습니다. '설마 이게 될까? 남들이 하니까 따라 해보지만, 믿기지는 않는다.' 이런 태도로 임하는 사람들의 기도에 감응하는 불보살은 없습니다. 간절함이 없으면 진실함도 없고, 진실함이 없으면 마음이 흐려져 기도의 힘은 발휘되지 못합니다.

또한 기도는 단 한 번 하는 것이 아니라, 지속적으로 꾸준히 해야 합니다. 마치 흙탕물을 정화하는 데 긴 시간이 필요한 것처럼, 마음의 오탁을 없애고 본래의 청정성을 드러내기 위해서는 인내가 필요합니다.

모든 중생이 부처의 지혜와 신통력을 갖추고 있다 하더라도, 그 모두가 그것들을 쓸 수 있는 것은 아닙니다. 자신의 근본을 깨달아 만물과 하나가 되는 경지에 오르지 않으면, 지혜와 신통은 현실에서 현현하지 않습니다. 모든 중생이 부처라고 하지만, 이것은 본성상 그렇다는 것이지 현실에서 그렇다는 것은 아닙니다. 그래서 진정한 의미에서의 기도는 번뇌 망상을 떨쳐버리고 해탈하는 것입니다.

기도를 단순히 소원이나 비는 행위로 알아서는 안 됩니다. 팔만대장경을 읽고, 참선을 하며, 일상 속에서 살아가는 모든 것이 기도입니다. "병이 들었으니 낫게 해 달라."거나 "복을 받게 해달라." 는 등의 기도는 비교적 낮은 차원의 기도입니다. 진정한 기도는 생사에서 해탈하고 일체중생을 교화하겠다는 원을 세우는 것입니다. 결국 내가 잘되려면 다른 사람도 잘되어야 합니다. 이런 의미에서 불가에서는 기도할 때 늘 사홍서원을 합니다.

중생을 다 건지오리다.

번뇌를 다 끊으오리다.

법문을 다 배우오리다.

불도를 다 이루오리다.

사홍서원은 그 어떤 것 하나 쉬운 것이 없습니다. 네 가지 서원은 각각 독립적으로 보일 수 있지만, 실상은 하나로 이어져 있습니다. 깨달음을 얻어 불도를 이루어야 부처님의 가없는 가르침을 온전히 배울 수 있고, 팔만 사천 가지 불법을 알아야 팔만 사천 가지 번뇌를 끊을 수 있으며, 번뇌가 사라져야 비로소 제대로 중생을 교화할 수 있기 때문입니다. 사홍서원을 이루고자 기도하는 중생은 그 즉시 보살이 됩니다. 결국, 참선과 기도는 별개가 아니며, 어느 것이 더 수승하다고 할 수 없습니다. 중요한 것은 어느 길이든 얼마나 절실하게 가느냐 하는 것입니다.

통광 선사의 시(詩)

깨달음의 경지를 읊다

홀연히 세상사 무상함을 깨치니 인연을 다 버리고 무생을 배우네.

참구하여 망정이 없어지고 심식이 다한 곳에 이르면 지혜의 광명이

천지에 가득하리.

가이입도(可以入道)

山勢如舞鶴(산세여무학)

淸溪似仙境(청계사선경)

奇巖妙絶處(기암묘절처)

建立聖伽藍(건립성가람)

嶺上白雲飛(영상백운비)

庵前淸溪流(암전청계류)

毿眉一老衲(삼미일노납)

無事低頭睡(무사저두수)

산세는 학이 춤추듯 하고

푸른 계곡은 선경인데

기암이 아름다운 절경에

성스러운 가람을 세웠구나.

고갯마루에는 흰 구름 날고

암자 앞으로 푸른 계곡물 흐르는데

눈썹이 흰 저 납자

일없이 졸고 있네.

業障本來空(업장본래공)

苦報何有哉(고보하유재)

苦報元來無(고보원래무)

感苦亦兎角(감고역토각)

업장이 본래 공한데

고의 과보가 어디 있겠는가.

고의 과보가 원래 없다면

고를 느끼는 것 또한 토끼의 뿔일 뿐.

忽然覺悟世無常(홀연각오세무상)

頓捨諸緣學無生(돈사제연학무생)

疑到情止心絕處(의도정지심절처)

智慧光明遍十方(지혜광명변시방)

홀연히 세상사 무상함을 깨치니

인연을 다 버리고 무생을 배우네.

참구하여 망정이 그치고 심식이 끊어진 곳에 이르면

지혜의 광명이 천지에 가득하리.

法身流轉六途(법신유전육도)

迷眞逐妄受苦(미진축망수고)

衆生心卽是佛(중생심즉시불)

頓覺了超三界(돈각요초삼계)

법신이 육도에 유전하니

참됨에 미혹하여 허망한 마음을 좇으면 고통을 받고

중생의 마음이 곧 부처이니

단박에 깨달으면 삼계를 벗어난다.

생감불응(生感佛應)

觀音妙智力(관음묘지력)

能求世間苦(능구세간고)

唯願觀音聖(유원관음성)

現神醫我病(현신의아병)

관음보살의 묘한 지혜의 힘은

세간 중생들의 고통을 구제해 주시나니

오직 원하오니 관세음보살님께서는

신통을 나투시어 나의 병을 치유해 주소서.

病不能殺人(병불능살인)

藥不能活人(약불능활인)

我身有藥師(아신유약사)

除病能活命(제병능활명)

병은 사람을 죽이지 못하고

약은 사람을 살리지 못하네.

내 몸에 약사가 있으니

병을 없애고 생명을 살릴 수 있네.

四大元無我(사대원무아)

六根本來無(육근본래무)

空無可空處(공무가공처)

無苦法身露(무고법신로)

法身是何物(법신시하물)

阿耶阿耶是(아야아야시)

사대에는 원래 나라는 것이 없고

육근도 본래 없는 것이다.

공하여 공할 것이 없는 곳에

고통 없는 법신이 드러나네.

법신은 무슨 물건인가?

아야! 아야! 하는 이것일세.

전법지게(傳法之偈)

示 智山善應上人

지산 선응 상인에게

弄光影底物(농광영저물)

無頭亦無尾(무두역무미)

應緣說諸法(응연설제법)

方便呼爲智(방편호위지)

그림자를 희롱하는 물건은

머리도 없고 꼬리도 없다.

인연 따라 온갖 법을 설하니

그것을 방편으로 지혜라 한다.

示 宗峯無空上人

종봉 무공 상인에게

覺性本淸淨(각성본청정)

根塵元來空(근진원래공)

空無可空處(공무가공처)

宗說爭妙峯(종설쟁묘봉)

불성은 본래 청정하고

육근과 육진 또한 원래 공하다.

공하여 더 공할 것 없는 곳에서

종통과 설통이 수미산을 겨룬다.

示 慧眼勝行上人

혜안 승행 상인에게

見聞非他物(견문비타물)

聲色皆是眞(성색개시진)

心外無物處(심외무물처)

慈慧度迷倫(자혜도미륜)

견문각지가 다른 물건 아니고

성색이 모두 그대로 진리라네.

마음 밖 아무것도 없는 곳에

자비와 지혜로 미혹한 무리들을 제도하네.

示 智苑德祖上人
지원 덕조 상인에게

智苑無影樹(지원무영수)

開花劫外春(개화겁외춘)

山窮水盡處(산궁수진처)

覺果吐香新(각과토향신)

지혜의 동산에 그림자 없는 나무가

겁 밖의 봄에 꽃을 피운다.

산이 다하고 물이 다한 곳에

깨달음의 열매가 향기를 토하니 새롭네.

示 普淨大見上人
보정 대견 상인에게

佛性常淸淨(불성상청정)

諸法亦淸淨(제법역청정)

淸淨不動處(청정부동처)

常放大光明(상방대광명)

불성은 언제나 청정하고

우주만유도 역시 청정하네.

청정해서 흔들림 없는 곳에

언제나 큰 광명을 놓고 있네.

示 慈眼德苑上人

자안 덕원 상인에게

全心卽是佛(전심즉시불)

全佛卽是人(전불즉시인)

人佛無異處(인불무이처)

慈眼觀世人(자안관세인)

전체의 마음이 곧 부처이고

전체의 부처가 바로 사람이다.

사람과 부처 다름이 없는 곳에

자비의 눈으로 세상 사람을 보도다.

示 太虛淸鏡上人

태허 청경 상인에게

心法無形外(심법무형외)

猶如太虛空(유여태허공)

絶相無爲處(절상무위처)

隨緣玄妙用(수연현묘용)

마음의 법은 형상과 갓이 없는 것이

마치 큰 허공과 같다.

일체상이 끊어지고 함이 없는 곳에

인연 따라서 묘한 작용을 나타내도다.

示 法雲文光上人

법운 문광 상인에게

心法不可傳(심법불가전)

以契爲傳法(이계이전법)

無傳無受處(무전무수처)

如是傳心法(여시전심법)

마음의 법은 전해줄 수 있는 것이 아니다.

계합함으로써 전해주는 것으로 삼는다.

전해줌도 없고 받음도 없는 곳에

이와 같이 마음의 법을 전하노라.

示 道圓靑梵上人

도원 청범 상인에게

心性不生滅(심성불생멸)

一切本圓成(일체본원성)

見性修佛行(견성수불행)

道圓國土淨(도원국토정)

마음의 성품은 나고 죽음이 없고

일체 모든 것이 본래 원만히 이루어졌다.

성품을 보아 부처의 행을 닦으니

도가 원만해지고 국토가 청정해지도다.

示 道眼僧範上人

도안 승범 상인에게

堂堂大道兮(당당대도여)

寂寂甚分明(적적심분명)

人人本具有(인인본구유)

箇箇悉圓成(개개실원성)

당당한 대도여!

밝고 밝아 매우 분명하도다.

사람 사람이 본래 갖추어져 있고

낱낱이 모두 다 원만히 이루어졌도다.

示 普明愚見上人

보명 우견 상인에게

佛性常淸淨(불성상청정)

諸法本來空(제법본래공)

空無可空處(공무가공처)

普明照十方(보명조시방)

불성은 항상 청정하고

모든 법은 본래 공하다,

공하여 더 공할 것이 없는 곳에

넓은 지혜가 시방세계를 비추도다.

월정사 전법 의식

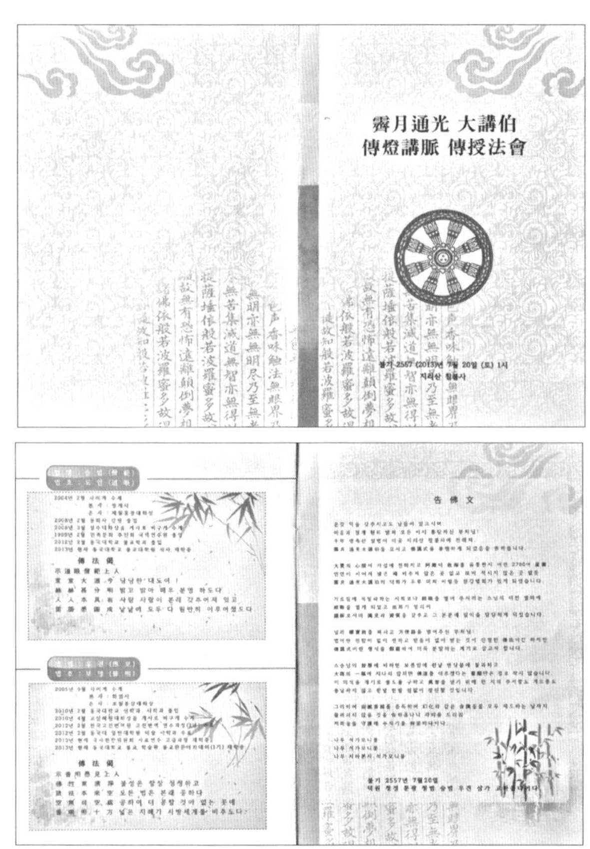

① 전강 책자 표지(위)   ② 전강 책자 내용(아래)

전강 게송

① ② ① 통광 스님 부도탑　② 다신탑
③ ④ ③ 칠불사 중창비　④ 칠불사 매화

제월당 통광 선사의 약력

한 생각 미혹하면 육도 세계가 벌어지고, 한 생각 깨치면 육도 윤회가 소멸합니다. 미혹을 벗어나면, 지금 이렇게 이야기하고 이야기 듣는 이 자체가 진리를 드러냅니다. 부처의 행을 닦으면 부모가 낳아주신 몸 이대로가 청정한 법신입니다.

제월당 통광 선사의 약력

- 1940년 음력 7월 26일 하동군 화개면 대성리 의신에서 한학자이자 한의사인 우양명(禹亮命)과 박부금(朴富今)의 3남 1녀 중 삼남으로 태어났다.

- 6세 무렵부터 가친에게서 천자문·소학·고문진보·통감·사서 등을 배우며 한문학의 기초를 익혔다.

- 1958년(18세) 지리산 피아골 서굴암에서 한의학 공부를 하던 중 출가를 결심했다.

- 1959년 범어사에서 여환 스님을 은사로, 명허 스님을 계사로 하여 사미계를 수지했다.

1963년 범어사 강원에서 사교과를 수학함과 동시에, 엄성호 스님으로부터 『선가귀감』, 『선문촬요』 등 조사어록을 공부했다.

1963년 범어사에서 동산 스님을 계사로 구족계를 수지했다.

1963년 범어사에서 수선안거 이래 10 하안거를 성만했다.

1975년 동국대학교 역경연수원을 수료했다.

1977년 탄허 스님의 강맥을 잇고, 제월(霽月)이라는 법호를 받았다.

1978년부터 1995년까지 칠불사를 복원했다.

1987년 동국대학교 교육대학원 철학과를 수료했다.

1998년부터 2001년까지 조계종 제13교구 쌍계사 주지를 역임했다.

1998년부터 2012년까지 칠불사 회주 및 쌍계사 승가대학장으로 재직했다.

2007년 智山 禪應, 宗峰 無空, 慧眼 勝行 등에게 강맥을
전해주었다.

2013년 양력 9월 6일 입적하시니, 세수는 74세, 법납은
53년이다.

제월당 통광 선사의 제자

傳講弟子

지산선응(智山禪應)

종봉무공(宗峰無空)

혜안승행(慧眼勝行)

행지덕조(行持德照)

보정대견(普淨大見)

자안덕원(慈眼德苑)

태허청경(太虛淸鏡)

법운문광(法雲文光)

도원청범(道圓靑梵)

도안승범(道眼僧範)

보명우견(普明愚見)

恩法上佐

동림(東林)

진현(眞玄)

청원(靑苑)

진문(眞聞)

자응(慈應)

불암(佛菴)

도응(道應)

서봉(瑞峯)

선응(禪應)

자원(慈元)

명조(明照)

명철(明徹)

성연(性然)

덕원(德苑)

허경(虛耕)

청경(淸鏡)

초현(超玄)

동효(東曉)

명원(明源)

청범(靑梵)

승범(僧範)

정원(淨圓)

우제선(禹濟宣)

동국대학교 불교학부 교수.
통광 스님의 친조카로, 스님의 법력에 감화되어 동국대학교 불교학과에 진학하였
다. 미국 펜실베이니아대학교에서 불교 인식논리학 연구로 박사학위를 취득하였
다. 2009-2010년 하버드대학교 연구교수를 역임했으며, 2022년 제6차 국제 다르마
끼르띠 학회를 서울에서 주관하였다. 현재 동국대학교 불교대학 학장 겸 불교대학
원 원장이다. 주요 저서로는『찰나멸논증』등이 있다.

제월당 통광 대선사의 행장과 법어 **霽月語錄**

2026년 1월 20일 초판 1쇄 인쇄
2026년 1월 30일 초판 1쇄 발행

엮은이   우제선
펴낸이   정창진
펴낸곳   여래
출판등록   제2025-000065호
주소   서울시 마포구 잔다리로 7길 12, 1층 (서교동)
전화번호   02-871-0213 / 070-4084-0606
전송   0504-170-3297

ISBN   979-11-90825-29-0 93200
Email   yoerai@naver.com
blog   naver.com / yoerai

값은 뒤표지에 있습니다.